基础教育课程与教学改革研究

JICHUJIAOYU KECHENG YU
JIAOXUE GAIGEYANJIU

潘希武 著

·广州·

版权所有　翻印必究

图书在版编目（CIP）数据

基础教育课程与教学改革研究/潘希武著. —广州：中山大学出版社，2021.11

ISBN 978-7-306-07124-8

Ⅰ. ①基… Ⅱ. ①潘… Ⅲ. ①基础教育—课程改革—教学研究 Ⅳ. ①G632.3

中国版本图书馆 CIP 数据核字（2021）第 233336 号

出 版 人：	王天琪
策划编辑：	葛　洪
责任编辑：	葛　洪
封面设计：	周美玲
责任校对：	麦晓慧
责任技编：	靳晓虹
出版发行：	中山大学出版社
电　　话：	编辑部 020-84110283，84113349，84111997，84110779，84110776
	发行部 020-84111998，84111981，84111160
地　　址：	广州市新港西路 135 号
邮　　编：	510275　　传　真：020-84036565
网　　址：	http://www.zsup.com.cn　　E-mail: zdcbs@mail.sysu.edu.cn
印 刷 者：	佛山市浩文彩色印刷有限公司
规　　格：	787mm×1092mm　1/16　12 印张　220 千字
版次印次：	2021 年 11 月第 1 版　2024 年 1 月第 2 次印刷
定　　价：	48.00 元

如发现本书因印装质量影响阅读，请与出版社发行部联系调换

内容摘要

在推进素质教育的新征程中，基础教育课程教学改革的方向和空间在哪里？中小学如何推进课程教学改革？这无疑都是值得深思的问题。

从新高考命题改革对综合性、应用性、开放性和创新性的强调或转型、学科核心素养体系的构建以及新课程内容模块的相应调整来看，基础教育课程教学改革获得了新的内涵或进入新的阶段。围绕学科核心素养培养，深入推进情境性学习、综合性学习、研究性学习，应当成为基础教育课程教学改革的重要方向。但考试命题改革距离完全意义上的开放性和创新性尚有差距，综合性学习和研究性学习还不可能成为教学的主流模式，或者说，传授式的知识教学方式仍然存在，课程与教学改革是否还有另外的空间呢？这一问题的实质是，在考试命题及其相应的应试教育模式没有获得根本性变革的情况下，我们该如何深入推进国家课程的实施，促进学生更科学地学习，减少"机械刷题"现象。

本书试图从基于学科知识特点、学科核心素养、学科课程内容模块或主题三个维度，探讨基础教育课程开发与学科教学改革的可能性方向；同时也试图回答学校课程体系的整体性构建、部分学科的综合性课程建设、信息技术与学科教学的融合创新、未来教育及教育评价体系建设等基本问题。

目　录

引　言 …………………………………………………………… 1

第一章　人的"完整性"的现代性关切 ………………………… 7
一、人的"完整性"的现代性意蕴 ……………………………… 7
二、现代教育对人的"完整性"关照的可能性分离 …………… 11
三、现代教育如何关照人的"完整性" ………………………… 16
四、教育根本任务的新时代内涵 ……………………………… 20

第二章　学校课程体系构建的可能与方向 …………………… 30
一、学校是否存在课程体系构建的问题 ……………………… 31
二、学校课程体系构建指向的两个时代性问题 ……………… 34
三、国家课程创造性实施应遵循的科学依据 ………………… 36
四、个性化需求课程开发的基础性框架 ……………………… 41
五、课程形态变革 ……………………………………………… 44

第三章　国家课程创造性实施 ………………………………… 49
一、学科课程整合 ……………………………………………… 49
二、学科教学方式改革探索 …………………………………… 52
三、学科课程建设方向性设想 ………………………………… 59
四、结语 ………………………………………………………… 69

第四章　思想政治理论教育及其课程建设 …………………… 71
一、核心价值观的意识构造及其教育 ………………………… 71
二、理想信念的精神构建及其教育 …………………………… 81
三、道德规则构建、超越及其教育 …………………………… 87

四、作为思想与道德发展基础的心理健康教育 ………… 94
　　五、思想政治理论课程建设构想 ………………………… 100

第五章　传统经典作品育人向度及其课程建设 …………… 105
　　一、传统文化经典的审美意象及其育人向度 …………… 105
　　二、传统文化经典的道德形象构造及其育人向度 ……… 109
　　三、传统文化经典的精神境界塑造及其育人向度 ……… 112
　　四、结语 …………………………………………………… 114

第六章　身体的关照及体育课程建设 ……………………… 116
　　一、身体的缺席与回归 …………………………………… 116
　　二、对身体的关照 ………………………………………… 118
　　三、完善体育课程 ………………………………………… 121

第七章　艺术教育的综合育人及其课程建设 ……………… 125
　　一、完整地理解艺术育人功能 …………………………… 125
　　二、中小学艺术学科课程开发 …………………………… 127
　　三、艺术教学改革 ………………………………………… 131

第八章　学校劳动教育课程的整体统筹 …………………… 133
　　一、劳动教育的新时代意蕴 ……………………………… 134
　　二、劳动教育的价值追求 ………………………………… 136
　　三、学校劳动教育课程体系构建 ………………………… 138

第九章　区域推进教育评价改革 …………………………… 146
　　一、教育评价改革的核心问题 …………………………… 146
　　二、教育评价体系的可能构建 …………………………… 151
　　三、学生综合素质评价体系构建 ………………………… 162

第十章　未来教育的想象逻辑 ……………………………… 169
　　一、社会形态与生活形态对教育的未来塑造 …………… 169

二、技术的发展趋势及其想象的未来:如何改变和塑造我们的
　　教育……………………………………………………………… 173
三、当下的智能技术与学科教学的融合创新…………………………… 178
四、结语……………………………………………………………………… 181

引 言

　　以什么样的视野来看待基础教育课程与教学改革，这本身就是一个问题，或者是一个需要认真探讨的问题。看问题的视角错了，课程改革就很难取得真正的进步。以一个理想的教育模型来引导课程与教学改革，与立足现实问题探索课程与教学的当下空间是完全不同的。教育理想永远是指引教育实践的，但是教育理想与教育现实之间必然存在巨大的鸿沟，特别是在关键性教育体制机制制约着教育理想实现的时候。在关键性教育体制机制未能获得或比较难以获得突破性改革之前，教育现实何以能朝着教育理想奋进，并不是个简单和轻松的问题。问题在于，教育理想并非是简单勾画出来的或人为设计的想象图景或美好愿望，而是时代提出的迫切需要。形势逼人，教育现实不得不进行改革和突围。

　　从时代背景来看，当今世界正处于百年未有之大变局。一方面，中国特色社会主义进入新时代，社会主义现代化建设与中华民族伟大复兴事业对教育和学习提出了新的更高的要求；同时，经济全球化深入发展、世界多极化发展以及大国战略博弈，正在加剧国际体系的调整和变革，并对中国教育改革提出了迫切要求。另一方面，正在兴起的新一轮科技革命和产业革命，对人才培养提出了新的挑战，对教育教学形态的卷塑越来越显著。毫无疑问，立足中国特色社会主义建设事业，从未来社会发展的视野谋划教育，才能更好地确立中国教育发展的坐标，规划中国教育变革的理想形态。但问题是，基础教育课程改革必定是一个渐进的行程，因为教育评价改革并非一朝一夕之功；眺望远方固然是重要的，但教育理想与教育现实之间并非一步之遥，脚从哪里开始移步显得异常关键。当下的基础教育课程改革在教育评价障碍面前还有什么样的探索空间、到了什么阶段、究竟往何处走以及如何走，这些都是迫切需要回答的问题。

　　自2001年启动新课程改革以来，教育部非常重视课程改革的顶层设计，研制了首个《基础教育课程改革纲要（试行）》，出台了中华人民共和国成立以来首套基础教育（义务教育和高中教育）课程方案以及各学科的课程标准；义务教育增设了科学、艺术、综合实践活动等课程，高中教育增设了通用技术、艺术、综合实践活动及各类选修课程，增强了育人的全面性，更强调课程对综合素养培养的指向性；同时出台了考试评价改革系列配套性文件，开展考试招生制度改革试验工作。党的"十八大"以来，基础教育课程改革进入一个新的发展阶段。紧紧围绕立德树人根本任务，2014年，国务院印发《关于深化考试招生制度改革的实施意见》、教育部印发《关于全面深化课程改革　落实立德树人根本任务的意见》，为考试招生制度改革明确了日程表，全面深化课程改革再一次启动。近两年来，中共中央、国务院印发《关于深化教育教学改革　全面提高义务教育质量的意见》；国务院办公厅印发《关于新时代推进普通高中育人方式改革的指导意见》，并先后出台了思想政治理论课教育、劳动教育、教育评价改革整体方案等系列顶层设计的政策性文件，教育部研制了中国学生发展核心素养内容体系。高中课程及各学科课程标准得到重新修订，义务教育各学科课程标准也正在修订。在更加注重学科核心素养培养和学科教学方式改革，倡导启发式、合作式、探究式教学的同时，课程改革还鼓励开展情境教学和综合学习，支持开展研究性、项目化等多种学习方式。应当说，课程改革及其配套政策的顶层设计基本完成，高考改革在综合素养评价上也有重大推进，课程内容与学科标准充分体现了学生核心素养发展要求。但是，以学业成绩为主的高考改革，虽然在考试题型上有了重大改变，如更加重视对关键能力的考查，命题更加注重综合性、应用性和开放性，但以知识考查为主的现象还没有取得突破性改变，项目式、研究性、综合性学习等新的教学方式改革还没有获得主导性地位。上海等地参加PISA（国际学生评估项目）测试结果显示，虽然中国学生纸笔测试成绩位居全球前列，但他们每周平均学习时间也遥遥领先，学生主观幸福感、合作式问题解决能力的相对表现以及从事科学研究的意愿等，远低于全球平均水平。① 课程改革所力图解决的根本性问题依然存在。

教育评价改革、特别是考试命题制度改革如果获得根本性突破，则必然引发并形成相应的教学方式，进而改变现有的"机械刷题"现象。考试命题改革是核心，决定着其他方面的教育评价改革。如果考试命题不改革，仍然存在知识应试现象，就无法真正检测学生的学业水平。那么，其他的诸如学校办学绩效评价、课程与教学评价、教师评价以及学生评价，都可能存在问题，难免新瓶装旧酒，无法引导教学改革。但显然，考试命

---

① 刘坚，康丽. 历经艰难，新课程改革击中了教育的"靶心"[N], 中国教师报, 2020 - 1 - 6.

题改革并不完全是个技术性问题，以注重知识的综合性学习和应用知识解决实践问题为方向的命题并不是多大的难事，难的是学生的学和教师的教如何即时性适应一套全新的考试命题的问题。显然，考试命题改革与教学改革之间存在一个双方逐渐相互适应的进程，考试命题改革和课程教学改革都具有渐进性。也就是说，考试命题改革的空间有多大、幅度有多大，课程改革的空间和幅度就有多大。考试命题是指挥棒。但问题是，考试命题只能渐进性突破。从教育改革需要看，考试命题改革的滞后性，极大地限制着课程教学改革的空间。但还是可以说，课程教学改革仍然存在一定的空间。至少，我们早些年启动的课程改革在校本课程建设上，即在实施国家课程的课堂教学之外探索以探究性学习为突破口的课程建设，仍然值得深入推进。从课堂教学的外围实验新的教学方式，无疑是此时最具有改革性或突破性的地方。一方面可以为课堂教学突破知识传授式教学改革探路并积累经验；另一方面可以弥补课堂教学在综合素养培养上的不足，更好地促进学生的全面发展，倒逼课堂教学的变革。因此，校本课程建设仍然需要深入推进。

即便是课堂教学，也同样存在诸多方面的改革空间。事实上，"机械刷题"或反复操练并不是获得高分的单一的、自始至终的路径，更不是最优的路径。加强问题探究性学习，推进知识的深度学习，促进学生获得深刻的意义理解，或获得更透彻的知识理解，应当更有利于学生提高学业成绩。有的人把课程改革形容为"戴着镣铐跳舞"，不能说没有一定道理，但无论如何，戴着镣铐仍然可以跳舞，并且跳出一定姿势的舞蹈。在考试命题改革未取得突破性进展前，要推进创新创意等新的学习方式，首先需要对国家课程内容或学时进行适当的学科间组合调整，或者对单个学科课程内容进行必要的整合，以确保有足够的教学时间推进新方式的学习。事实上，这本身就是课程改革的空间所在或重要内容。此外，在课堂教学方面，值得探索的课程建设及教学改革还包括学科课程间的内容整合或跨学科学习，单个学科课程的内容整合或以学科核心素养为核心、以大问题或大任务为形式的大单元教学，还有单个学科课程的主题式跨学科学习或探究性学习。也就是说，必须改变以知识点为主的内容教学，走向以核心素养为导向的大概念、大问题教学。当然，最需要改革的是在现有考试命题制度下对国家课程的创造性实施，包括探索综合性学习、研究性学习以及推进知识的深度学习，探索能够引领学科教学改革方向的教学操作模型或典型教学案例。从课程改革的进程来看，现在确实到了教育评价改革和学科教学改革同步加快推进的新阶段。当前，一方面要深化考试命题改革，更加注重开放性的知识运用和问题解决能力的考察；另一方面，即便是在应试教育环境下，也要适应新高考命题改革提出的综合性学习、探究性学习的新要求，加强能够体现学科特点的、学科核心素养培养要求的、体现课程内容模块特点的学科课程开发和教学改革典型案例开发，推进遵循学生认知规律的、以深度学习为目标的学科教学改革。当前的学科教学，特别是普通高中课程设置了必修、选择性必修、选修三种类别的课程内容，而且每一类别都紧紧围绕学科核心素养培养，分设了诸如探究性学习等若干学习模块，但由于考试命题从根本上讲还是以考察知识记忆或熟练程度为主，综合性知识应用和开放性的问题解决能力检测所占比例不大，因此必然还存在教学的表面化以及知识学习不够深入的现象。实际上，不同的课程内容模块具有不同的特点，因此必然存在教学方式优化的可能。探索新的教学方式，实现更有深度的学习，这也是当前课程改革的空间所在。由此看，校本课程开发并不仅仅是国家课程之外的某些补充或拓展，还应当包括围绕国家课程的创造性实施所进行的课程开发或教学案例开发。事实上，校本课程应当主要围绕国家课程实施进行开发，或者说以国家课程为主的校本课程开发应当是校本课程的主要维度。这种意义上的校本课程开发并不仅仅是教学方式的变革，还可以包括对国家课程的内容整合与必要的延伸、拓展或深化。

　　当然，学校课程体系建设也仍然很重要。表面上看，学校课程体系已有规定性的构建，以国家课程为主、校本课程为辅，但学校课程体系建设还是有待充实。以国家课程来说，课程内容、课程标准已有明确的规定，但如何落实、实施或深化其课程体系，则非常值得探索。特别是要围绕立德树人根本任务，落实习近平总书记在2018年召开的全国教育大会上提出的六个方面"下功夫"，做大、做深、做强课程建设，以充分体现中国特色社会主义教育的根本特性。比如，加强理想信念教育、奋斗精神教育，就需要探索"课程思政"建设或课程合力育人路径以及更有效的课程或教学抓手。从这个意义上说，国家课程的实施不仅需要围绕全面育人来统筹把握，而且还需要进一步深化其课程体系。国家课程体系不是学科课程与活动课程的内容和标准的简单体现，而是有待实践深化的体系。而且，其重要性并不仅仅是从国家课程创造性实施这个角度而言的。对学校来说，构建相对丰富且有质量、支撑学生关键能力培养的校本课程框架同样重要，尤其是对尚未完成校本课程体系构建的学校来说更为如此。从实践看，不少学校并未完成科学的校本课程框架构建的任务，校本课程不丰富，严重制约了学科教学改革进程。有些校本课程开发虽然较为丰富，但不够深入，缺乏精品课程；有些缺乏有力支撑学生关键能力培养的核心校本课程，而是偏好于某一类别的校本课程开发，比如偏好阅读课程开发而对科技创新教育课程开发重视不够，或偏好艺术类校本课程开发而忽视体育类或德育类校本课程开发，以做精做强关键课程为支撑的校本课程框架没有建立起来。事实上，校本课程的丰富性永远是相对的，紧要的是要做好诸如德育、艺术、体育、阅读、科技教育之类的关键课程体系建设。

更为值得关注的现象是，课程与教学改革缺乏方向性把握和具有引领性的操作模型。学科课程开发和教学改革，缺乏对学科特点的把握，未能建立起体现学科素养的、代表学科课程教学发展若干方向的结构性课程体系，更没有建立起分学段的学科课程内容模块化的分类课程教学体系。认真研究学科特点，依据学科的国家课程标准要求或学科核心素养，探索适合的、以内容模块为基础的操作型教学模式，是学科课程与教学改革的迫切任务。课程开发表面化、读本化现象严重，普遍存在以内容表现为主、缺乏教学方式变革坚实支撑的问题。比如，思想政治理论课程开发以读本为主，缺乏对不同价值观的意识建构特点及育人方式的考察，简单化罗列呈现情况比较普遍；传统文化经典作品进校园，则以编选读本和活动教学为主，缺乏对不同经典作品或道德教诲或审美意象或精神建构主旨追求的考察，陷入拼盘式课程开发与无方向教学改革瓶颈；有些课程的开发，缺乏明确的逻辑建构，体系混乱，比如，劳动教育课程开发缺乏对独特内容体系的把握，对于哪些内容可以经由学科教学实现，哪些内容必须开发专门的课程，哪些劳动内容的实施条件尚不具备、必须找到替代性劳动形式等问题，都缺乏整体性考虑；对于信息技术与学科教学的融合，也缺乏清晰的课程开发理念引领，比如，对于不同的学科教学需要有不同形式的信息技术融合，不同的教学内容需要有不同的信息技术应用表现形式，学科教学与信息技术究竟需要怎样融合才能真正创新教学方式等问题，都需要深入而具体的探索以及分类的典型呈现。总之，课程开发尚存在太多抽象和杂乱的表现，缺乏整体和系统的具象。

应当说，课程改革已经从外围突破模式走向了学科课堂教学改革，从方向意义上的"自主、合作、探究"教学改革走向基于学科教学具体内容的具象化教学模型或案例的探索。尽管自主的、合作的学习，尤其是探究性学习仍然是学科教学改革的根本方向，但不能因此而遮蔽对各学科丰富而具体的教学模型或方向性改革探索。换句话说，在当前应试教育的现实困境下，探究性学习是其中重要的教学模型或方式，但并非唯一，这是因为现有的考试命题改革还不足以完全支撑探究性学习。或许，探索旨在实现学科核心素养的多模型具象化教学形态更为重要，也更为可行。

  关于基础教育课程与教学问题，批评的声音很多，但声调大体相似。应当说，批评是为了更好地建设。但问题是，我们并非不知道基础教育课程与教学的问题与症结所在，我们也并非不清楚未来课程与教学改革所追求的理想样态，所以我们不应当沉湎于陈词滥调，而应当更多地关注实践路径，探索可行的课程教学模式或典型案例，而不是盲目地批评。必要的检讨是需要的，但应当在具体的学科教学改革实践中展开，并以修正经验和探索新方向为目的，而不是给予宏大的或抽象的批判。为此，教育理论工作者应当深入教育教学实践，在丰富自身生命力的同时更好地指导课程教学改革实践。理论与实践结合，甚为重要！

第一章　人的"完整性"的现代性关切[①]

人的"完整性",是一个古老的发问和追求,大概是因为人的身与心、身与物、人与社会之间总是存在可能的分裂,尽管在不同的时代,这些可能的分裂在内容、程度及原因上存在不同。关于人的"完整性"问题,大体上有三种层面的思考:第一种是从心与物的关系中探讨如何达至心灵的超越,或理性对欲望的掌控,或者如通常理解的在认识世界上的知、情、意的统一问题;第二种是在政治体系内探讨人与社会的和谐问题,即人如何在社会中或与他者的关系中获得整全的自我认知或幸福;第三种是从政治与哲学冲突的关系中探讨如何实现人的最高状态的自由、幸福或完整性。对现代社会而言,人的生命的整全或完整性在政治社会中永远是相对的,无法获得生命的最高意义上的自由、超越或整全,这是现代性的结果。尽管如此,我们仍然需要保持哲学的追问,也需要坚守现代性的反思和完善。教育是哲学事业,也是政治事业,如何在现代性政治框架中关照人的"完整性",尤其是在教育操作体系中,包括核心素养模型建构和学科课程创造性实施中,如何在保持适切的哲学追问中实现对人的"完整性"的最大关照,更值得深入探索。教育的终极关怀是人,追问人的幸福是教育改革的出发点和落脚点,但这种追问必须置于现代性框架中、立足中国特色社会主义现代性方案进行。

一、人的"完整性"的现代性意蕴

我们经常从生命的个体层面或视角追问教育对生命的关怀,这大概是因为生命个体在与他者的关系中、在与政治社会的关系中受到不同意义的裹挟,出现了身与心、身与物以及个体与社会的分裂。但生命是什么?如果我们不能较好地回答生命的本质性存在问题,也就无法解释或判断所谓

[①] 此章内容是在《人的"完整性"的现代性意蕴及其教育观照》(《华南师范大学学报(社会科学版)》2018年第9期)、《教育首要问题和根本任务的新时代内涵》(《教育学术月刊》2019年第6期)的基础上修改而成,此处有增删。

的生命分裂问题。从生命哲学看,生命的根本问题是死亡问题以及由此产生的如何生活的问题。如何生活必然是个复杂的问题,看起来是一个个体性问题,但实际上是一个关系中的问题。生命除了肉身的个体外,无法从个体的意义上去进行清晰的表达,也就是说,生命总是因为处在与他者的关系或与社会的关系中而显得异常复杂。即便是肉身意义上的生命,也不仅仅是一个肉身的问题,因为肉身必然关涉到灵魂与对世界的构造性认识问题,或者说成为世界认识的内在方式。

事实上,"个体"不过是一个想象的概念,从来没有纯粹的个体。正如海德格尔对"人何以认识到客体"的发问,认识与客体的问题并非一个鸿沟相隔或二元对立的问题,而是一个人与周遭世界相遇的关系问题;所谓人存在于此,意味着人在主动性地创造世界的同时也为世界所构建,而不是人与客体对立的问题。海德格尔的现象学方法对认识与客体问题的消解,表明人是与世界浑然一体中的关系构建的产物。这种关系不仅体现在人与人之间,也体现在人与他者的世界之间。"此在",或存在于此,表明存在一个人的超越性问题,但超越性问题并非关系的解除问题,而是人与周遭世界如何相处的问题。从根本上说就是人的"完整性"问题。海德格尔说,人总是"烦"忙着同各种世界打交道,必然容易产生迷失问题。人的"完整性"的分裂,或者牵涉外物、世界,或者牵涉资本、技术,或者牵涉他人与社会。当然,也牵涉人们认识世界中的知、情、意、行的分裂问题。

所谓人的"完整性",关乎人与他者以及人的自我认识问题。它可能表现为一个心与物或身与心的关系问题。这个问题在任何时代或社会都存在,只是意义或内涵不同而已。事实上,身与心、心与物的问题,既然是永远存在的问题,无论是屈原还是陶潜,李白还是曹雪芹,狄更斯还是莎士比亚或陀思妥耶夫斯基,对生命的意义都存在疑惑和追问,因此也必然可以说,这归根结底是个社会问题,只是不同社会赋予了这个问题以不同的内涵、意义或关切的程度不同而已。从根本上讲,人的"完整性"问题依赖于哲学与政治的关系。只有解决这个根本性问题,人的"完整性"才可能获得彻底释放。

社会促使这个问题不断浮涌上来,逼迫人们去追问。西方现代思想家,基本都是站在资本主义制度内来谈论人的"完整性"问题。比如席勒提出用审美教育促进人的全面发展,主张通过鉴赏力和审美教育,通过文化教养,全面而又充分地发展人的感性与理性,促进人的感性与理性、情感与思想、身体与心智得到和谐发展,并达到社会文明或社会精神的应然高度或以社会的精神内化个体的精神意识。比如费尔巴哈提出,只有具有美学的或艺术的、宗教的或道德的、哲学的或科学的官能的人才是真正完善的人。又比如,霍耐特从情感关怀、法律保护、社会重视等主体间条件以及为获得承认而斗争等实践路径①分析人的"完整性"的实现。这些其实都是一些技术手段,或者是社会的、教育的,或者是政治的,尽管对于拯救人的生命的多重分裂是必要的,但因为他们的出发点仍然是在制度框架内做出某些补救,重点是培养和促进个体如何在政治或审美等层面上达到与社会的和谐一致,故而无法从根本上回答或拯救人的"完整性"问题。只有从自由的最高意义上探讨,才可能为政治内的人的"完整性"实现找到恰当的视野、内涵和方案。

  这种探讨其实由来已久。在柏拉图那里,人的"完整性"即为最圆满状态的自由。当然,这个问题包括两个层次:第一个层次的问题是个体的身体与灵魂的和谐问题。在柏拉图看来,灵魂高于身体。因此,所谓的和谐问题其实就是灵魂如何控制身体或灵魂内部结构的秩序问题,即理性如何控制欲望的问题。但这个问题还不是人的"完整性"的终极问题。第二个层次的问题是政治与哲学的问题。即人在政治社会中实现对政治的超越而获得哲学的自由,才是人的"完整性"的圆满表达。于是柏拉图通过对话体的形式,充分探讨了一个超越政治而又关照政治社会的哲学意义的自由可能性问题。柏拉图为我们构建了一个言辞中的样板,但是却没有从政治上探讨人的"完整性"问题,即探讨了最高自由或幸福的可能问题,而没有回答或解决普遍的人的自由问题,因此他只好用等级秩序社会的设计回应普遍人的完整性问题,实际上是消解了这个最高意义的问题。但在现代性社会中这个问题突显出来,大众社会的"大众化运动"把普遍的自由问题抬了出来,不能再视而不见了。这是卢梭等现代性思想家所面临的重大问题。普遍的自由和幸福何以可能,这是一个时代命题。卢梭在现代性方案设计上面临的任务有两个:一个是现代性大众社会的平等与自由问题,即大众人的普遍自由问题;另一个是现代性的超越问题,即在现代性的平庸与价值虚无中保持最高自由的追问和探索。卢梭试图把这两个问题都解决,于是设计了两种方案:一方面构建普遍公意的社会,以相互承认的公意解决普遍自由问题,这也是大多数西方现代性思想家所

---

① 赵琰.霍耐特"人的完整性"理论简析[J].哲学研究,2011(4).

考虑的;另一方面构建一个高贵的爱弥尔形象,① 以抵制或超越现代性的堕落,在世俗的社会中建立一个柏拉图意义上的最高自由的样板形象。实际上,卢梭最多只解决了一个问题,甚至连一个问题也没有解决好。普遍公意的社会的设计确实为后来的西方社会所接受,却进一步造成了西方现代性的危机。"普遍的自由"永远只是承认的自由,或形式的自由,不可能是柏拉图的最高意义上的自由。只有到马克思那里,人的"完整性"问题才获得哲学上的解决以及提供了实践行动的可能性。

人的"完整性"在现代性社会中越来越成为一个问题,这与现代性的追求密切相关。西方现代性企图用工具理性和技术理性掌控人的命运,以图实现人的主体地位;并通过降低古典德性目标和建立现代民主政体,以追求普遍的成功。这种追求导致了两个后果:一是价值虚无。尼采所说的奴隶道德或"最后的人",正是对现代性平庸和价值虚无的批判。现代性打破了古典作家建立的人性最高可能性样板,放弃了对"何为美好生活"的追问,放弃了对"何为最高自由"的追问,以相互的承认作为共同的价值,实际上是没有了价值。二是迷失自我。现代性把人上升为主体,人正是在工具理性和技术理性中迷失了人与世界的关系。市场、资本、技术可能进一步加剧人性的迷失。当然,现代性也确有其成功的地方,即它力图关照的是普遍的人的"完整性"问题,但也正因为如此,他们不得不降低人的"完整性"层次,致力于政治内的普遍的相对幸福。施特劳斯讲得很好,现代性思想家不满足于古典作家对人性最高可能性实现的运气寄托,更愿意相信以普遍的承认来替代道德德性,或者以普遍的承认获得的满足来替代幸福,为此降低人的目标,致力于现代政体内的普遍自由和幸福。②

至此,人的"完整性"问题在现代性社会中下降为两个层面的追求:一是个体身与心的和谐,或人在世界认识层面上的知、情、意的统一。现代性解放了生产力,物质和技术的发展为人的发展提供了可能,但也给人的"完整性"分裂带来了更多的可能。这是现代社会面临的一个重要问题。二是政治框架内的相对自由和幸福,核心是以相互承认作为制度、价值观和技术手段的基础,以实现人的"完整性"。但正如伊壁鸠鲁主义的

---

① 潘希武. 高贵的爱弥尔:卢梭的教育样板 [J]. 教育学报, 2012 (2)。
② [美] 列奥·施特劳斯. 重述色诺芬《希耶罗》[C] //古热维奇,罗兹. 论僭政——色诺芬《希耶罗》义疏. 北京:华夏出版社, 2006: 211。

深刻洞察，寄望于政治实现幸福是误入歧途，只有超越于政治社会的意见、激情与非自然的欲望，进而改变自身的生活方式，达至内心的宁静，才能获得真正的幸福。① 但超越政治有两种可能：一种是哲学的超越，一种是心灵技术的超越。从现代性的追求看，人的"完整性"发展主要是一种技术的推进。即便如此，技术手段在实现人在政治内的"完整性"发展问题上仍然还存在偏离。

人的"完整性"在马克思那里得到了最为彻底的关照。马克思通过消解政治社会的理论论证，一方面实现了对现代性的超越，另一方面实现了大众人的最高的普遍自由，即全人类的解放。这是理想社会的设计。在马克思那里，人的"完整性"获得了最圆满的意义，当然也赋予了它现实逐步发展的历程性内涵。中国特色社会主义是马克思主义中国化的理论成果，内在地蕴含着马克思主义的根本价值追求，即实现每个人的自由全面发展。中国特色社会主义把共产主义作为远大理想，并在中国道路、理论、制度、文化建设上按照马克思主义基本原理进行设计和实践推进。特别是能够结合中国国情，在制度与道路建设上以人民为中心，不断推进人的全面发展，探索出了一套有别于西方现代性的中国方案。其核心是坚持中国共产党的领导，以社会主义核心价值观为指引，构建以人民为中心的社会主义制度，确保人的全面发展的逐步实现。也就是说，中国特色社会主义建设要实践探索和逐步推进。因此，在社会主义初级阶段，制度、技术方法，特别是教育，如何在社会主义建设中关照人的"完整性"仍然有某些需要探索的地方。比如教育发展的不平衡和不充分问题，仍然是促进人的"完整性"发展面临的现实问题。

二、现代教育对人的"完整性"关照的可能性分离

杜威在《民主主义与教育》中对现代教育的目标、理论、操作模型及具体教育模式做了经典表达。杜威的时代不同于卢梭的时代，西方现代性方案已经由系列思想家设计完成并实践运行和高歌猛进。因此，杜威面临的任务只是遵照西方现代政治哲学框架或者对西方政治哲学做进一步的解释，从而完成现代人的培养与教育体系的设计。一个经由马基雅维利、

---

① [意]尼古拉斯. 伊壁鸠鲁主义的政治哲学：卢克莱修的《物性论》[M]. 北京：华夏出版社，2004：129.

霍布斯等思想家设计的现代性方案以及经由孟德斯鸠等人进一步推进的西方民主政治方案，构建了现代政治内的大众生活模式或合格公民形象，杜威则完成了公民培养的教育设计体系。在这个意义上说，杜威是西方现代性方案的最后完成者。

西方的公民教育这个概念其实已经充分地表达了西方现代教育的政治目标、核心追求和培养标准，也是对培养什么样的人的现代回答。这个答案具有明显的现代性，已经在彻底放弃对"何为美好生活"追问的前提下，认同了依托现实政治生活谋求权利平等基础上相对自由与幸福的主张。教育与政治一道，共同谋划政治社会内的相对自由与幸福问题，为政治社会培养合格的公民。人的"完整性"就不得不下降到这个层次上了。公民教育不再是古典意义上的哲学教育，也不是柏拉图式的灵魂转向的教育，而只可能是现代的"洞穴政治"教育，是一种缺乏灵魂的自我心理教育——"我"只在这个洞穴社会中关注我的物质、身体以及心理是否自我快乐，只看重大家认可的"好"，而不会关心灵魂究竟应当如何安放。普遍承认的就是真理。这是人的"完整性"问题在现代教育培养目标上的第一次分离。这种分离并不完美，但对现代性来说却是令人欢欣鼓舞的，或者说，现代性仍然怀有自己的教育梦想。

在培养目标上，现代教育对人的"完整性"的关照也不是无所作为。但要想有所作为，也不是简单地回到古典哲学教育，事实上也无法返回，这是事实基础。现代社会方案和现代教育都是在这个基础上的构建。因此它必须关照大众的普遍自由和幸福，尽管是相对的自由和幸福。但问题也正在于此，这种相对性并不好把握。一方面，政治教育必定是在政治框架内按照社会性对人进行塑造，尽管这种塑造也需要和追求科学性，进而对人的健康成长给予充分的关照；另一方面，个体概念也是想象的构造，因为个体也必然是在关系中得以构建的，是在他者中建构起来的。只有在政治社会内，个体概念才能得到解释。人们普遍认为，也有理由认为，政治教育的塑造与个体成长之间存在必然的紧张，因为相信政治框架存在压制个体的倾向。确实，现实存在这样的可能，但从理论上说，这两者之间本是一个统一体。政治教育对个体的塑造，如果充分尊重科学，则可以实现个体良好的自我成长，即社会性成长。对这个问题的考虑必须充分照顾到教育的政治品格，而不是构建一个中性的概念，回避或淡化政治性，突显人的个体性。应当是从关系构建浑然一体的视野来解释个体性。现在有不少人倡导生命教育或生命成长之类的概念，可能是基于政治教育与个体生命成长之间紧张的前提性判断。但问题是，生命这个概念其实并没有表达明显的内涵。生命并非想象的个体性，生命从来都是在与他者关系中相互超越得以构建起来并获得意义的。所以，生命教育这个概念其实是模糊的，用它来超越或纠正现代政治教育并没有获得内涵的清晰性，对人的"完整性"问题也于事无补。当然，生命教育作为一种教育技术，如能够做到遵循学生身心发展、脑认知发展规律或个体学习兴趣激发，则有助于缓解政治教育的塑造与个体发展间的紧张关系。作为现代教育本质特征的政治教育，也必然致力于人的充分发展、致力于人的普遍自由和幸福，只不过这种致力一定是政治内的努力和追求，它的实现程度取决于政治制度与政治技术以及教育技术的改进。

广义的教育技术是指为实现教育目标而采取的系列制度、举措等，当下的教育技术至少包括核心素养模型构建及评价工具、课程设置及学科课程创造性实施或各种具体的教学方式方法。核心素养模型是为实现教育目标而对人的发展构建起来的指标体系，是对教育目标或培养任务进一步的指标性解释，因而与教育目标存在必然的分隔。原因在于：一是核心素养指标体系不可能穷尽教育目标或任务的内涵，或者说它只可能无限接近于教育目标。二是人的"完整性"不可能是各种素养的简单或机械叠加，很难用一个素养指标体系来考察和判断一个人的发展情况。事实上，人的"完整性"问题是一个哲学问题，并非一个政治意义上的素养指标体系可以回答的问题，并且各个素养之间也不好给予具体的赋值。三是核心素养模型本身的科学性问题，即什么样的指标应当纳入核心素养体系，本身就是值得讨论的，因为它也存在与教育目标偏离的可能性。从这个意义上说，现代教育在人的"完整性"问题上的第二次分离就发生了。

核心素养模型具有明显的政治性和社会性，也具有明显的抽象性。也就是说，它是出于公共考虑而对人的发展做出的普遍性规定，并用以检测教育培养的效果，因而它并不与人的全部生活所需的素养完全重叠或契合。或者说，核心素养模式并不能完全解决人的生活问题，各种指标体系的集合也无法代表人的"完整性"，这实际上解构了人的生活的形而上问题。而且人的核心素养的发展，也不能代表生命的整全性发展，它可能促进人在政治中获得相对美好的发展，却无法企及生命的圆满。素养或能力其实主要是一种生存的体现要素，无法走向人的相互超越性问题。生命的整全，可能跟知识的全部掌握和对世界的全面认知有关，但要通达世界，主要是一个精神性或灵魂性问题；至少是一个自我认知的定位问题，而这个问题并非知识或逻辑的认知问题，而是一个复杂的自我心理问题。比如人的工具运用能力或素养，主要关怀的是人的生存问题，但其本身却关乎人的存在问题。正如海德格尔所说，现代技术不是实现目的的单纯手段，而是本身参与到自然、现实和世界的构造中来；这种构造重新塑造出人与世界、人与人、人与自我的新关系。所以，自我认知的复杂性在于自我主动构造与被构造的模糊结合。在海德格尔看来，技术每打开一种认识的可能性，都会遮蔽更多的存在可能性。因此，核心素养模型因为对素养的划分而脱离了对具体的人的生命关照，缺乏对人的"完整性"的最高关怀。

世界范围内的核心素养模型大致有三类，经合组织的核心素养框架、美国的技能核心框架以及日本的能力框架，① 大体上差异不大，都是立足于政治社会中的人的发展，都只可能是在政治中触及人的"完整性"问题。即便如此，核心素养模型在政治内的对人的"完整性"的关照也还是存在一定的偏差。这倒不是因为如有些批评者所指出的，核心素养模型对教育的工具化态度，即从经济发展的立场看教育而不是相反，以及它的职业化味道浓厚。② 实际上，即便是从教育的立场看人的培养，也仍然是从政治或社会的视野构建人的教育，或者说人的教育必定是在政治框架内得到塑造和构建，因为从来就没有纯粹的个体生命成长。当我们强调从教育的立场看人的培养，其实是说要遵循教育的科学或规律，这一点也是核心素养模型或政治教育努力追寻的，只是这个度比较难把握。同样，从教育的立场看人的培养，也未必就可以找到科学的教育教学方法，也不好把握这个度。因此，核心素养模型对人在政治内的"完整性"的偏离，在于核心素养模型并不能完全代表人的成长。或者说，人的成长并非一个各种素养的集合，而是一个异常复杂的问题。

正因为我们并没有找到严格科学的教育方法，或者说教育的科学性还不成熟，现代教育在关照人的"完整性"上发生了第三次分离。这次分离是由学科课程的实施造成的。教育目标、核心素养发展，都有赖于学科课程的创造性实施。但问题是，学科课程的安排是作为一个整体指向核心素养发展的，两者之间并不是简单的一一对应关系。我们现在强调学科核心素养指向，对于指引学科教学改革是必要的，但我们很难依据特定的学科核心素养指标开发独立的课程。育人从来就是整体性的活动，很难说某

---

① 辛涛，姜宇. 核心素养模型的类型及结构［J］. 人民教育，2015（9）.
② 高德胜. "核心素养"的隐喻分析：意义与局限［J］. 教育发展研究，2018（6）.

一具体教育教学活动指向特定的核心素养培养。从普通高中课程标准确定的学科核心素养来看，所有的指标都必然要贯穿于学科教学活动的全程或全环节，当然，为突出和强调某些核心素养培养，也可以进行独立的课程开发或教学改进，但很难确定特定教学活动与相应的核心素养培养的对应。同时，学科课程的划分也具有明显的人为性，它主要是基于知识门类的划分。因此各门课程集合并不能简单地等同于人的发展需要。学科知识本来就是在生活需要和问题解决中产生和逐渐发展起来的，但知识一经产生，经过实验、推理、想象，逐渐发展出相对独立的知识体系。但知识并非就呈现为学科形式，事实上知识必定是综合的。学科的知识体系学习是必要的，但以生活和问题为中心的学习才能促进个体更好地把握知识的来源，更有利于提升知识的综合性应用能力。

更为关键的问题在于，学科课程实施本身在促进人的全面发展上也存在诸多可能的偏离问题。首先，学科课程的实施并不必然遵循整体性依据，它可能是通过知识的反复训练达到某种素养的培养，也可能是通过非科学的方式或违背人的身心发展特点而实现学生核心素养发展，又可能是在没有激发学生的学科兴趣的情况下实施核心素养培养。也就是说，学科课程的实施过程可能是在偏离人的全面发展这个教育目标的进程中推进人的全面发展的，或者说，学科课程实施虽然也指向教育目标，但过程与目标却渐行渐远。其次，德智体美劳全面发展之间的协调也不容易在学科课程之间完成。固然，德智体美劳全面发展，需要完整的课程设置作为依托，这一点在课程设置上并不存在太大的问题，问题在于学科课程的实施上。任何一门课程都具有综合育人性，但学科教师不仅在理论上而且在实践上都不好把握单个课程的综合育人性。事实上，学科教师可能只是强调和突出了某一核心素养的发展，但也必然同时照顾到其他方面的培养，只是程度不同而已。问题就在于学科教师在突出强调某些素养发展的同时，必然忽视和淡化了人的其他领域的发展，并且因为学科教师之间的协调问题而难以从整体上协同实现人的全面发展问题。最后，具体的教学活动也正因为诸多的具体性而走得很远，以至于淡化或忽视整体的教学考虑。教育教学是个异常复杂的活动，使教师言行、师生关系、各个教学环节以及各种活动共同构建起完整的育人性并非易事，特别是如何在整体教学设计中规划教学细节，或从教学细节中整体把握教学设计，都存在偏颇的可能性。从学科课程实施到构建起整体育人目标，远比从教育目标构建核心素养模型到课程设置困难。

三、现代教育如何关照人的"完整性"

现代教育在人的"完整性"关照上发生了三种分离。第一种是教育目标的分离，表现为以现代的政治教育代替了古典德性教育，以培养合格的公民作为自己的教育目标；第二种是核心素养模型构建所产生的与教育目标的偏离；第三种是学科课程实施所形成的与教育目标和核心素养模型的分离。这三种分离是无法逆转的，也是必然的，问题并不在于这种分离是否必要，而在于如何弥补这种分离。因此，这三种可能的分离并不代表现代教育在关照人的"完整性"上没有作为。对当代中国教育来说，我们需要有所坚守，也需要有所改进。

首先，必须坚守马克思的人的全面发展理论。马克思关于人的全面发展理论，超越了古典和现代性思想家，为人的发展做出了最高意义上的回答并提供了最完善的方案。柏拉图对"何为美好生活"或人的自由与幸福的问题做出了最高意义上的探讨，但他提供的方案或构建的言辞中的样板城邦，回答的却是一个人的最高自由问题。或者说，他是在认定哲学与政治的冲突关系中探讨哲学对政治的超越，即哲学的自由问题而不是大众的自由问题。当然，在柏拉图那里，大众只能是"洞穴"的隐喻代表，并不合适上升为哲人。卢梭基于人性往而不返的现实，要回答的是现代政治的普遍自由问题。当然，他除了通过构建爱弥尔形象从而在最高意义上建立了一个人生样板外，仍然是在探讨政治内的相对自由实现问题，没有解决普遍人的最高自由问题。马克思超越柏拉图和卢梭的地方就在于，他超越了哲学与政治冲突问题，提出了无政治社会中的普遍的最高自由实现问题。正如他所说的，只有解放全人类，才能解放自己。马克思的全面发展学说是我们的政治哲学，也是我们的教育哲学。只有马克思的全面发展学说才真正关照了人的"完整性"。这种关照体现为两个方面：一方面如上所述，马克思的全面发展学说超越政治回答人的普遍自由问题，为人的真正的普遍自由提供了最为彻底也是唯一可能性的方案；另一方面，马克思的全面发展学说是在人与他者的关系中揭示人的异化现象并回答人的全面而又自由发展问题的。尽管马克思主要从私人制、资本、劳动等层面揭示人的异化问题，却是最为根本性的异化问题，因而人的全面发展问题才得到根本性的回答。而要超越这些异化，也只有解放社会才能实现。人的全面发展的核心问题正在于此，因而说马克思的全面发展学说真正关照了人的"完整性"问题。

在推进教育事业和教学改革进程中，唯有以马克思的全面发展学说作为指引，才能更好地把握人的"完整性"，教育方能不断接近人的"完整性"培养目标。当然，我们也可以借鉴西方的教育理论，比如建构主义理论、核心素养理论等，但是从根本上说，这些理论只是技术性问题，即可以成为我们实现人的全面发展的科学方式或方法，而不能代替我们的教育哲学。

其次，必须根植于新时代中国特色社会主义教育事业，进一步实现人的全面发展。人的"完整性"发展或全面发展，也是在现实政治中逐步接近的。但是，不同的政治方案却有不同的表达，西方资本主义缺乏从最高意义上对人的全面发展问题的回答，仅仅局限于在洞穴政治社会内承认的自由和幸福方案，因而不可能通过现实实践真正实现人的"完整性"发展。马克思基于资本主义对人的异化问题的深刻洞察，设计出实现人的全面而自由的发展的理想社会方案，为我们促进人的全面发展提供了理论与制度设计的引领和保障。中国共产党结合马克思主义基本原理和中国国情，不断推进马克思主义中国化，建立起社会主义制度，为人的全面发展奠定了坚实的政治基础和制度基础。但社会主义如何在马克思主义指导下实现人的全面发展仍然面临两个问题：一是在坚持社会主义道路与制度前提下，如何极大地解放和发展生产力，不断提高人们的物质生活水平，为人的全面发展奠定坚实的物质基础；二是如何在生产力高度发达和物质极大丰富的前提下，超越资本逻辑和人的异化问题，真正促进并不断实现人的全面发展。

解决这两个问题，关系到中国特色社会主义理论与实践逻辑的建构问题。社会主义制度具有优越性，但正如邓小平同志所说，贫穷不是社会主义。于是，中国实行改革开放，建立中国特色社会主义市场经济，大力发展生产力，这是马克思主义与中国国情相结合的一次理论飞跃。解放和发展生产力是社会主义发展的必然要求，问题的关键在于如何驯服并超越资本逻辑。因此，资本、市场等对人的异化问题，社会主义核心价值观认同问题，以及政治与经济的协调发展问题，都是中国特色社会主义所要回答和解决的理论与实践问题。而其核心问题是，中国特色社会主义道路、理论、制度和文化能否实现生产力的解放、极大发展生产力并引领时代发展，能否满足人们日益增长的对美好生活的向往，能否在引入资本和市场的同时坚持社会主义核心价值观，实现社会公平正义，归根结底是能否促进人的全面发展。习近平新时代中国特色社会主义思想系统地回答了新时代坚持和发展什么样的中国特色社会主义、怎样坚持和发展中国特色社会主义这个重大时代课题，阐明了中国特色社会主义道路、理论、制度、文化及其战略实施问题，努力建设社会主义现代化国家，实现更加平衡更加充分的发展，满足人们对美好生活的期待。

理论和实践证明，只要我们以马克思主义为指导，坚持党的领导、社会主义制度和社会主义核心价值观，坚持政治正确，就不会偏离方向，并通过不断实践，逐步实现人的全面发展。正是在理论和实践发展中，我们逐步建立起了"四个自信"。从"四个自信"的意义上说，现代中国为世界提供了一个发展中国家有别于西方现代性的中国方案、中国智慧和中国力量，同时也为实现人的全面发展提供了中国方案。

中国特色社会主义为教育发展奠定了坚实基础，同时，教育也必须坚持社会主义办学方向，为新时代中国特色社会主义现代化建设事业服务。培养全面发展的社会主义建设者和接班人，既是实现人的全面发展的前提和路径，也是社会主义初级阶段人的"完整性"的特定内涵。首先，学校要围绕立德树人这一根本任务，加强社会主义核心价值观教育，特别是加强"四个自信"教育，只有帮助学生建立起对中国特色社会主义道路、理论、制度和文化的自信，才能实现教育对人的"完整性"的更好关照，这是当代中国教育实现人的全面发展的首要前提和根本要义。当前有一些教育理念对此认识不深刻，把人的"完整性"问题或全面发展问题简单归结为人的身与心的和谐发展问题，或综合素养发展问题。其次，要加快创新人才培养，特别是要推进教育改革，不断提高育人水平和质量，全面提升学生综合素养，实现学生更好的全面发展。新时代要求新教育，推进教育高质量发展，既要实现教育的均衡发展，又要实现教育的充分发展，要让每个人享有公平而又有质量的教育，实现每个人充分和全面的发展，这是新时代教育关照人的"完整性"发展的基本内涵。当然，教育在新时代还存在发展不平衡不充分问题，这是基本国情所决定的。但我们应当相信，中国特色社会主义道路、理论、制度、文化的不断发展，为每个人的充分和全面的发展提供了最根本的保障，它必将从根本上推进人的全面发展。只有在中国特色社会主义方案中，人的"完整性"才能获得真实和更好的发展。当然，如何获得这样的发展，从教育自身看，归根结底要落实到好的课程与教学中。

最后，学科课程的创造性实施，必须在教育哲学关照下推进。学科课程的实施是教育目标和核心素养培养的具体推进，与教育目标本身存在一定的分离，尤其是以核心素养发展为唯一指向时更容易发生与人的"完整性"的分离。实际上，核心素养发展更多地体现为一种教育质量检测工具并据此调整相应的课程内容，学科核心素养对学科课程创造性实施虽具指导性意义，但并无直接的一一对应指导关系。但我们可以根据核心素养要求，推进相应的学科教学改革，把核心素养贯穿于教学全过程，而通过实施综合性学习以关照核心素养培养则并不好把握。同样，学科教学方式变革，虽然可根据学科特点、核心素养要求、教学内容模块特点探索采用具体教学方式，但教学方式改革仍然具有很大程度的灵活性。因此，学科课程的实施必须时刻保持教育哲学的关怀，即需要以人的全面发展理论作为指导。比如我们对卢梭关于自然人的教育学说的应用，通常只看到其形而下的东西，或者只是把它作为一种教育方法来运用，而对于其深远的教育哲学缺乏足够的认知，因而容易导致误用。如此，学科教师在教学过程中就不能仅仅靠学科的基本知识来施教，只有必须保持特定的教育哲学关怀，才能保持学科教学活动的终极指向。

事实上，学科课程的实施并非完全是一个技术问题，内含有教育哲学的价值指引，也有中观层面的教育教学法则。核心素养发展并不能成为学科课程创造性实施的唯一法则或依据，至少还有重要的两点需要考虑：一是要以激发学生的学科兴趣作为教学活动的出发点，因为兴趣可以全面激活大脑并且具有超功利性；二是要以脑认知科学和学生身心发展特点作为科学的教学方式的两个重要支撑，因为科学方式可以解决育人方法的正确问题。只有基于兴趣激发和科学方式，学科课程实施才可能更好地促进学生心智的完整发展，促进人的全面发展。兴趣来源于生活和未知，科学的方式则有利于人的大脑认知发展、身心发展和心智的完整。基于生活的以问题为中心的教育模式可以同时满足这两点。知识所描绘的世界只有通过人与世界打交道才能体验为真的世界。学科课程只有以生活和问题为中心，方能更好地走向人的"完整性"。为此，学科课程的创造性实施，既需要实现学科间的课程整合，也需要以学科为单位实现跨学科的学习，而其根本在于，学科课程要实现育人的综合性，就必须走向以生活和问题为中心的学习，因为生活和问题并非以知识体系为逻辑的，它必然涉及知识的综合性。

总之，学科课程的实施唯有在马克思的人的全面发展学说的指导下，立足于立德树人根本任务或德智体美劳全面发展的社会主义建设者和接班人的培养，遵循核心素养培育要求、兴趣激发原则、认知与身心发展的规律，结合学科课程的内容模块差异，探索学科教学方式改革，从根本上实施以生活和问题为中心的教育，实现学科课程的综合育人、实践育人目的，才可能避免出现与人的"完整性"关照的分离。为此，学科课程应当注重整体性和结构性教学设计。学科教学由每一堂课和系列教学细节组成，唯有把握好学科课程的结构性教学模型设计，才能避免偏离人的完整性培养。

四、教育根本任务的新时代内涵

习近平总书记在全国教育大会上的讲话中提出，培养什么人，是教育的首要问题，教育的根本任务是培养德智体美劳全面发展的社会主义建设者和接班人。这是立德树人根本任务的具体表述，也是我们教育的根本目标。但我们对它的理解还存在一些不足，主要表现在以下三个方面：一是通常把这一表述看成是抽象和宏大的概念，进而未能自觉、显著地构建起学校培养活动的整体性指向。二是未能从中国特色社会主义建设的不同时期来领会"培养什么人"问题的内涵、任务。当前，要从新时代中国特色社会主义建设的时代内涵、时代命题和时代任务中，从中国现代化方案，包括中国现代化道路、理论、制度、文化等宏观框架下来领会和把握"培养什么人"的问题。三是未能很好地把"人的全面发展"和"社会主义建设者和接班人"统一起来理解。比较注重对"人的全面发展"的研究，对"社会主义建设者和接班人"的研究略显不足，对两者统一的理解还有待增强。

中国特色社会主义进入新时代，培养全面发展的社会主义建设者和接班人，关系到新时代中国特色社会主义建设目标的实现。中国特色社会主义方案及其时代命题，中国特色社会主义道路、理论、制度、文化建设，奠定了教育根本任务的新内涵，为"人的全面发展"和"社会主义建设者和接班人"培养规定了属性、使命和内容。如何理解"培养什么人"，关系到中国特色社会主义教育事业的发展。对中小学而言，紧要的是准确把握教育首要问题和根本任务的新时代内涵，创新教育教学实施，而非另造教育的培养目标。

（一）"培养什么人"：一个政治哲学问题与马克思的方案

教育应当培养什么样的人，并非完全是一个技术性问题——比如尝试以核心素养模型描述人的培养，而更多的是一个哲学问题，关乎人的自由和幸福。准确地说，这是一个政治哲学问题，即政治框架下人的幸福问题，即人的幸福问题必定是在政治框架内得以解释和建构的。从来没有绝对的个体性问题，正如马克思讲的，"人的本质不是单个人所固有的抽象物，在其现实性上，它是一切社会关系的总和"①，而且"不仅五官感觉，而且连所谓精神感觉、实践感觉（意志、爱等等），一句话，人的感觉、感觉的人性，都是由于它的对象的存在，由于人化的自然界，才产生出来的。五官感觉的形成是迄今为止全部世界历史的产物"②。因此，所谓内在于个体的"精神"或"意识"，也不能简单理解为个体的"固有"，而是社会实践的产物。

但另一方面，社会实践或政治社会框架也需要促进个体的美好生长并实现"共在"的幸福。现代社会一方面要把社会成员铸造为个体，另一方面又要解决个体在"祛魅"的理性世界中的无根问题或主体间的共在问题。同样，社会教育在塑造人的过程中可能存在两种表现：一种是更多地塑造人的社会性，一种是试图减少人的社会性。这是教育的矛盾问题。在这个问题上当前有一种理论倾向，即从个体生命成长视角强调个体生命的自由、自觉和创造性成长，以抵制社会权力结构或教育权力对个体生命成长空间的挤压。但问题并没有那么简单，个体生命的自由成长必定是在社会框架内的塑造，这是社会性成长的最高表现，它不能简单地把个体性与社会性置于对立的角色。正如贺来所分析的，"个体化"并非意味着个人自由发展自己的"个性"，而是被社会制度和体系所"规训"和"引导"的"个体性"。因此，所谓个体性的自由发展，并不等于摆脱和割裂与他者的相互联系，而是应在一个更高层面和更广范围内扩大和升华这种社会联系。③

或许正因为在政治架构内个体性与社会性存在冲突的可能，所以人的发展问题就有了不同的哲学方案。柏拉图从哲学与政治冲突的角度探讨既关切社会而又超越社会的自由与幸福的可能性问题，但却是城邦中的最高自由的个体样板的言辞构建。卢梭从现代性出发，准备了两套方案，一套

---

① [德] 马克思，恩格斯. 马克思恩格斯选集（第1卷）[M]. 北京：人民出版社，2012：135.
② [德] 马克思，恩格斯. 马克思恩格斯全集（第3卷）[M]. 北京：人民出版社，2012：305.
③ [德] 贺来. 重建个体性：个体的"自反性"与人的"自由个性"[J]. 探索与争鸣，2017（5）.

是针对大众的普遍自由，但却是相互承认的最低的自由可能；一套是继承柏拉图的方案，构建一个现代性中的最高自由可能性方案，即个体的爱弥尔形象塑造的可能性方案。① 马克思则是对两套方案中的问题进行了综合，回答了大众的普遍的最高自由问题，但马克思的方案对两者的超越，并非是基于哲学与政治冲突的基础性假定，而是彻底消解了这个冲突性。其通过未来社会发展规律的辩证分析，描绘了一个政治消亡的新社会形态，从而在根本上实现人的全面而自由的发展。

马克思对人的发展问题的探讨，基于对西方现代性的批判。在马克思看来，资本主义必然导致人的异化，包括大工业分工生产带来的劳动异化以及资本对人的异化。正是基于人道主义立场，基于对全人类普遍自由的真正关怀，马克思认为资本主义社会并非理想的社会，而一个解放全人类的社会才能实现人的全面而自由的发展。显然，任何社会设计都是基于对人性的判断和整体筹划。西方现代性社会经马基雅维利、霍布斯以及亚当·斯密等思想家的设计，基于人性恶、激情与欲望或自利的假定，更愿意把社会的基点设在一个在他们看来更为稳妥的人性低处，从而谋求普遍的相对幸福。而马克思则着眼于人性的真正自由和解放，确立理想型社会。西方所谓的人性自由与幸福及其方案，在他们看来或许是最好的设计，或如福山所说的"历史的终结"，但显然不是最完备的方案，也不是唯一的方案。

西方社会从历史人性看未来人性，从主客对立的二元观看待和筹划人性的发展，而未从人与社会浑然一体的视角发展人性。人在与世界打交道的过程中显现人性、构建和筹划人性，因而世界改变的同时必然导致对人性不同的构建和筹划。比如人工智能的充分发展，机器人代替诸多的操作性或程序性工作，甚至可以想象代替大部分的人力劳动，带给人类的将不仅仅是对劳动者失业的忧虑，而是彻底改变人的生活方式，改变人在与世界打交道过程中的人性构建。所以，基于人性的社会设计不能简单地俯就现实的人性，需要着眼于人性未来，促进人的更好的发展。至少，从西方现代性看，他们的方案并没有解决人的异化问题。

显然，人的发展和人的异化超越问题，并不只是学校教育的任务，而是中国现代性建设的大问题。正如有的学者所说，中国现代性建构肯定是在以资本为核心的现代性基础上制衡以劳动为核心的现代性，进而实现以

---

① 潘希武. 现代教育哲学的下降及其后果［J］. 基础教育，2011（4）.

人的自由全面发展为核心的现代性。[①]

（二）中国特色社会主义关于"人的全面发展"的政治内涵

人的异化问题是现代性社会面临的最大问题。西方人性说的先天经验论与后天经验论都不重要，重要的是人性的规范和引导。他们相信自由市场模式可以实现这个目标，但市场逻辑和资本逻辑没有得到规训，就无法从根本上消除人的异化问题。中国特色社会主义则是致力于从制度上避免资本逻辑对人心的侵蚀，致力于美好生活和人性的美好发展，力图从社会主义制度建设这个根本上克服人的异化问题。现代社会应当有别于西方的方案，促进人的更好的发展。

"培养什么人"的问题，是马克思主义中国化或中国特色社会主义建设需要回答的根本性问题。中国特色社会主义坚守马克思"人的全面发展"学说，但在现阶段，"人的全面发展"的内涵需要在中国特色社会主义建设中予以解释和构建。社会方案的设计和选择，最根本的指向就是人的发展问题。因此，当代中国对"人的全面发展"的内涵解释和构建与中国特色社会主义道路、理论、制度、文化建设密切相关。或者说，与马克思主义的当代中国化问题密切相关。

首先，人的全面发展具有鲜明的政治现实性。人的全面发展不是抽象意义上的发展，也不是简单的科学意义上的发展，而是特定政治内的发展。在当代中国，人的全面发展，是指德智体美劳等领域的全面发展。而全面发展的人，是指为中国共产党治国理政和社会主义建设事业服务的社会主义建设者和接班人。习近平总书记在全国教育大会上的讲话中要求，引导学生树立共产主义远大理想和中国特色社会主义共同理想，增强学生的"四个自信"；引导学生热爱和拥护中国共产党，听党话、跟党走，扎根人民、奉献国家；引导学生培育和践行社会主义核心价值观——构成了"人的全面发展"的鲜明的、具有中国特色的政治内涵。教育要促进人的发展，必须牢牢把握这个政治内涵。

其次，人的全面发展具有鲜明的政治追求性。促进人的全面发展，既要立足现实，也要面向未来。对"人的全面发展"的理想内涵的追求，也是中国特色社会主义的根本追求。当代中国正是要通过中国特色社会主义道路、理论、制度、文化建设，通过社会主义市场经济建设实现生产力的高度发展，实现社会公平正义，从根本上解决资本逻辑问题。一方面，

[①] 姜义华. 挑战中国：现代性三重奏 [J]. 中国政法大学学报，2007（1）.

中国特色社会主义建立起了以公有制为主体、多种所有制经济共同发展的基本经济制度。因为市场可以有效地配置资源，但并没有解决资本逻辑的固有问题即人的异化问题；问题正在于私有化恰恰是人的异化产生的制度所在。另一方面，中国特色社会主义在引入市场体系后，如何更好地促进社会公平正义，是时代需要回答的问题。公平正义是中国特色社会主义的内在要求。如何在资本逻辑为社会主义公平正义奠定的坚实物质基础上，避免资本逻辑的异己性对社会主义公平正义构成的异化危险，最终实现对资本逻辑异己性的超越，是社会主义公平正义无法回避的理论问题。有的学者提出，我们需要通过一系列的政治制度建构来打破资本逻辑的统治，驯服资本统治权，包括资本购买力、支配力和规训力，至少要限制资本统治权。① 这正是社会主义公平正义价值观的逻辑起点。社会主义公平正义不同于资本主义的地方，就在于它消灭私有制，建立社会主义。它不仅不消灭资本逻辑，相反它还要充分利用资本逻辑来发展社会主义市场经济。中国特色社会主义公平正义是以公有制为基石、以按劳分配为原则、以共同富裕为目标的共享性公平正义。习近平总书记指出，社会主义共享性公平正义作为新时代社会发展的价值坐标，是全面深化改革的出发点和落脚点。因此，我们在利用资本逻辑为社会主义共享性公平正义创造物质财富基础的同时，必须发挥社会主义公平正义核心价值观来驾驭资本逻辑，并最终实现对资本异己性物化公平正义的超越。②

最后，中国特色社会主义对"人的全面发展"的回答具有世界性和时代性。中国方案或马克思主义中国化对资本逻辑的超越并实现人的全面发展，实际上要解决的也是西方文明所面临的突出问题，因而具有世界性和时代性，对于创建人类文明新形态具有积极意义。正如孙正聿指出的，西方现代化进程面临的三个突出问题，即人类文明的可持续发展问题、资本逻辑所造成的以物化为基础的人的独立性问题以及虚无主义所造成的文化危机和人的精神家园迷失问题，③ 这恰是马克思主义中国化或中国特色社会主义在创建人类文明新形态进程中必须解决的根本性问题。马克思主义对这个根本性问题的解决立足于历史和现实，但归根结底是立足于揭示

---

① 王庆丰. 资本统治权的诞生 [J]. 国外理论动态，2018（8）.
② 黄顺君. 资本逻辑与社会主义公平正义——社会主义公平正义的资本哲学透析 [J]. 山东社会科学，2016（6）.
③ 孙正聿. 哲学理念创新与文明形态变革 [N]. 人民日报，2016-08-08.

金钱、技术等"非神圣形象"中的"自我异化"问题，回答人的全面发展问题。而马克思关于"人的全面发展"学说的中国化问题或在中国的实践，必须在当代中国特色社会主义创建人类文明新形态的进程中予以回答。其现阶段内涵，必须在中国特色社会主义的政治文明、经济文明、社会文明、精神文明、生态文明建设中予以回答。进一步说，当代中国在促进人的全面发展上，一方面需要在政治现实中，为满足人民美好生活需要提供各方面的发展；另一方面需要在时代问题的回答中，即创建人类文明新形态进程中构建人的全面发展的现实性内涵，并最终走向理想型内涵。也就是说，中国语境中的人的全面发展具有鲜明的政治现实性，只能在中国特色的政治、经济、社会与文化发展条件、制度与模式中获得现实基础，因此也必然具有鲜明的现实性，需要在中国社会发展进程中获得渐进的发展。但社会的发展如何确保真正促进人的全面发展，同样是中国特色社会主义建设面临的现代性问题。

促进人的全面发展是中国面临的时代问题，是学校教育的根本任务。教育现代化的根本就是人的现代化，所谓人的现代化是人在政治、经济现代化中的全面发展程度。无论是教育治理现代化、教育制度现代化还是教育条件现代化，归根结底是要看是否促进人的现代化或人的全面发展。马克思反对资本主义抽象的人性论和正义论，认为只有首先满足人的生存需要，进而不断实现物质财富增长、生产力不断发展和人的素质的不断提高，真正实现社会的公平正义，才能促进人的全面发展。显然，在马克思看来，新型社会、经济发展、人的素质提高是实现人的全面发展的重要基石，对我们的学校教育培养全面发展的人具有根本性指导。也因此，当代中国学校教育促进人的全面发展，必须结合中国特色社会主义建设实践才能获得鲜明的现实性或阶段性内涵。也就是说，从时代看或从中国特色社会主义未来建设看，学校教育更重要或更值得关注的问题，在于解决资本逻辑下的人的异化问题。而在当前，教育促进人的全面发展主要在于解决学生素养发展不足或关键能力成长不足的问题。为此，我们需要在教育目标或根本任务之下探索并建立学生发展核心素养指标及其培养体系，以引导学校教育转向学生核心素养培养，这是现时的迫切任务，教育需要尽快实现这个转向。但不能据此就认为学生的全面发展就是综合素养的发展。核心素养模型的作用是对学校办学质量，特别是对学生发展的普遍性的检测，它并非完全等同于人的完整性，也不能作为人的全面发展教育的唯一依据。促进学生的全面发展，除了要促进学生综合素养发展外，还需要激发学生兴趣，引导学生主动获得对世界的认识并进而正确认识自我，获得身心与人性的健康成长，超越异化。这是我们在把握"人的全面发展"的时代内涵时尤其需要注意的问题。不言而喻，学生获取了大量知识，其能力和素养都有所发展，但这并不意味着其人性获得了健康的成长，实现了对异化的超越。所谓"精致的利己主义者"现象，就是没有解决好资本逻辑下的人性功利问题。从这个意义上说，当前教育的最大问题，并不完全在于学生综合素养发展不充分，而主要在于异化的超越。这也是社会主义教育突出强调理想信念教育、核心价值观教育、爱国主义教育的原因所在。或许，我们更多地关注了国家战略下的人才能力和素养的培养和发展，而较少关注中国特色社会主义关于人的全面发展的时代内涵。因此，我们在建立核心素养模型的过程中，必须以人的道德发展和对异化超越为根本性前提，而不是把道德素养与其他的核心素养并列，否则很可能会导致人的全面发展根本性内涵的丢失。

（三）中国特色社会主义关于培养"社会主义建设者和接班人"的政治内涵

自1995年教育法规定教育必须培养"德、智、体等方面全面发展的社会主义事业的建设者和接班人"并把它作为我国教育的培养目标以来，"社会主义建设者和接班人"的论述一直没有改变。

在培养什么人的问题上或培养目标上，我们需要遵循一般的或普遍的育人规律、育人标准，但更重要的是要遵循教育具有的鲜明政治属性。习近平总书记在全国教育大会上的讲话中提出，"我国是中国共产党领导的社会主义国家，这就决定了我们的教育必须把培养社会主义建设者和接班人作为根本任务"。中国教育模式与西方教育模式的根本差异不在于教育的技术问题，而在于"为谁培养人"和"培养什么人"的问题。因此，"为谁培养人、培养什么人、如何培养人"作为根本性问题不能割裂开来看，不能认为"如何培养人"是个纯粹的技术问题。因为"为谁培养人"和"培养什么人"其实已经规定了"如何培养人"的根本性技术。中小学教育也不是一个简单的育人科学性问题，而是具有鲜明的中国特色社会主义属性的，这一属性决定了中小学教育的任务、培养目标、理念、模式等基本问题。

也因此，对"社会主义建设者和接班人"和"人的全面发展"必须统一起来理解。一方面，"人的全面发展"是"社会主义建设者和接班人"的内在标准和要求，规定了社会主义建设者和接班人的成长样态。

没有促进人的全面发展,"社会主义建设者和接班人"的内涵就是空洞的。另一方面,"社会主义建设者和接班人"作为政治属性的表述具有根本性,是我们教育的落脚点。一般意义上的"全面发展"必须在"社会主义建设者和接班人"这一政治内涵中才能得到充实的发展;或者说,必须从"社会主义建设者和接班人"这个表述中理解和构建人的全面发展内涵,而不能简单地从科学的意义上理解人的全面发展。所以,"德智体美劳"是"人的全面发展"的政治内涵与新时代中国特色社会主义所需要的教育科学内涵(能力与素养)的统一。

把培养"社会主义建设者和接班人"作为教育的根本任务,除了我们教育的政治属性规定外,也是中国特色社会主义建设事业的需要。2018年5月2日,习近平总书记在北京大学师生座谈会上的讲话中指出:"近代以来我国历史告诉我们,只有社会主义才能救中国,只有中国特色社会主义才能发展中国,才能实现中华民族伟大复兴。坚持好、发展好中国特色社会主义,把我国建设成为社会主义现代化强国,是一项长期任务,需要一代又一代人接续奋斗。我们的今天就是这样走过来的,我们的明天需要青年人接着奋斗下去,一代接着一代不断前进。"培养"社会主义建设者和接班人"在新时代中国特色社会主义建设中显得尤为重要,它关系到中国特色社会主义现代化强国和中华民族伟大复兴目标的实现。在新时代,一方面是科学技术的迅猛发展引发的社会和时代的变化对人才培养提出了新的要求,另一方面是中国特色社会主义加快提升国家综合实力、从后发的现代化国家走向现代化强国新形势对人才培养提出了新的要求。创新人才培养既是未来社会发展的需要,也是"社会主义建设者和接班人"的新时代要求,而且新时代中国特色社会主义对创新人才的需求更加强烈。从这个意义上讲,"社会主义建设者和接班人"是对政治品格和能力品格的统一要求。

要培养"社会主义建设者和接班人",必须要有与之相匹配的教育体系。习近平总书记在全国教育大会上指出,要努力构建德智体美劳全面培养的教育体系,形成更高水平的人才培养体系。这个体系的内容包括六个方面:要在坚定理想信念上下功夫,要在厚植爱国主义情怀上下功夫,要在加强品德修养上下功夫,要在增长知识见识上下功夫,要在培养奋斗精神上下功夫,要在增强综合素质上下功夫。这也是立德树人的根本性内涵和要求。这六个方面,构成了"社会主义建设者和接班人"与"人的全面发展"的中国教育特色化本质。

"培养什么人"的问题，可以有形而上的追问，比如对个体生命终极价值的探讨，同时也需要有时代的回答。所谓时代的回答，不仅要立足于技术发展的时代要求，更要立足于人的发展的政治性内涵，特别是不能脱离为中国共产党治国理政和中国特色社会主义建设事业服务这个根本。其实，对人的发展的探讨，永远是在特定政治框架内的回答。在当代中国，任何教育理论的提出和倡导，都必须紧紧围绕立德树人或培养"德智体美劳全面发展的社会主义建设者和接班人"这个根本任务。普遍地或抽象地谈论人性或人的发展，并把它应用到教育上，是错误的和有害的。"德智体美劳全面发展"和"社会主义建设者和接班人"是统一的。从这个意义上说，我们的教育体系和教学实践，虽然也要遵循一般的科学规律，比如以学生发展核心素养模型、脑认知科学作为基本的依据，但必须把立德树人或培养"社会主义建设者和接班人"的根本任务作为一切教育教学的根本。正如习近平总书记在全国教育大会上所指出的，"要把立德树人融入思想道德教育、文化知识教育、社会实践教育各环节，贯穿基础教育、职业教育、高等教育各领域，学科体系、教学体系、教材体系、管理体系要围绕这个目标来设计，教师要围绕这个目标来教，学生要围绕这个目标来学。凡是不利于实现这个目标的做法都要坚决改过来"。各种学科教学活动，在探讨和开展教学改革之时，都必须具有宏观视野，必须把立德树人或培养"社会主义建设者和接班人"这一根本任务作为根本关照。否则，很容易在微观的教学活动中迷失立德树人的根本方向。理论上看，从教育根本任务到核心素养模型到学科课程实施这三者之间必然存在逐步偏离的可能性，即核心素养模型可能并不能完整表达教育的根本任务，而学科课程实施又可能偏离核心素养模型和教育根本任务。学科教学的具体活动是否完整地指向教育的根本任务，毕竟是极其复杂的判断。学科教学如何落实教育的根本任务，有两个相互关联的重要问题需要解决：一是学科教学的科学性问题，即自身的逻辑明晰问题，包括如何遵循学生认知规律、身心发展特点、学科兴趣激发及核心素养培养等，建立符合学科基本特点的科学的学科教学方式，特别是要探索教育评价改革，尤其是在考试命题改革未取得根本性突破的前提下的学科教学改革，而不是简单依照理想的课程教学模型推进学科课堂教学改革。二是学科教学如何完整地指向并落实教育根本任务的问题，主要是要确立学科教学的整体改革思维，根据学科课程内容进行系统的课程开发设计，包括内容的整合与教学方式的总体设计。

同样地，学校的任务就是全面落实立德树人根本任务，包括围绕国家课程创造性推进教学改革、促进教师专业成长、建设现代学校制度等，并非另起炉灶制定各自的教育培养目标。尽管提出学校个性化的培养目标具有一定的必要性，但仍然必须在学校课程体系建设整体框架的基础上，主要通过教学方式的探索落实具体培养目标。在教育实践中，对各种偏离教育根本任务和目标的现象必须予以纠正：一是要改变用各种新概念、新名词代替或遮盖国家的培养目标或教育根本任务的做法，杜绝以狭隘的培养目标及其课程建设弱化整体的学校课程体系建设的做法；二是要改变强化校本课程而弱化国家课程的现象。校本课程开发的重点应当在夯实核心框架的基础上，依据学科教学改革需要，深化国家课程的实施或丰富国家课程的内容，而不是简单地拓展国家课程的内容，或者说，对国家课程的内容的拓展应当基于深化国家课程实施的需要。

第二章　学校课程体系构建的可能与方向[①]

当前的学校课程开发和体系构建，仍然主要是在"国家、地方、校本"三级课程框架下的继续，即着眼于个性化课程开发以补充国家课程；国家课程实施上基本没有探索，倒是在国家课程之外下功夫。即便有诸多的对国家课程创造性实施的探索，也仍然沿续"自主、合作、探究"模式，而缺乏基于学科教学及其内容差异的特点展开深入细分的探索。还有很多学校在课程体系构建上仍然是在教育培养目标上做文章，试图谋划自己的教育目标，并以此作为指引，另建一个教育领域划分系统，进而依照教育领域系统来划分自我的课程领域和类别，以图获得系统又自成逻辑的课程体系。这实际上是另造一个课程逻辑体系，其实质是凸显了课后课程特色，弱化了国家课程，而且逻辑未必自洽，事实上也无必要另建课程逻辑以替代德智体美劳全面发展的课程体系。学校课程体系构建的基本问题，即对为何要开发特定的校本课程、开发哪些校本课程都缺乏整体性考虑，很多流于随意或偏好，至少缺乏科学的论证。总体上看，学校课程体系构建呈现丰富多样的局面，但缺乏结构性考虑，往往关注校本课程的数量、类别或特色建设；间或关注于新潮的课程开发，诸如探索 STEM 教育、"创客"教育、项目学习类的课程建设，反而对学科课程缺乏深入的改革探索和开发。同时，课程确实丰富了，却缺乏系统的构建，更缺乏精品课程，课程开发粗糙，流于表面，缺乏深度。中小学课程体系构建的可能性或内涵，学校课程体系构建的基础性框架，包括课程体系构建的时代主题、国家课程实施的依据、校本课程开发的内涵及个性化课程开发的基本框架、课程形态变革都值得思考。

[①] 本章内容是在笔者《学校课程体系构建的基础性框架》（《教育学术月刊》2018 年第 3 期）和《国家课程校本化实施：整体依据与方向》（《教育学术月刊》2018 年第 9 期）两篇论文的基础上修改而成，此处有较大调整。

一、学校是否存在课程体系构建的问题

中小学校是否存在课程体系的构建问题,或者在什么意义上说,学校存在课程体系的构建问题,这是首先需要回答的问题。从课程内容上看,学校课程开发的空间似乎并不大,国家课程内容是既定的,唯有拓展性的校本课程存在开发的问题。而且,校本课程的开发也应当以国家课程为主进行内容的拓展或深化。从这个意义上说,学校的课程开发空间并不大,如果说存在课程体系建设的话,也主要是校本课程的框架构建问题,即开发哪些校本课程,或对哪些国家课程进行拓展或深化。

但实际上,课程内容并非静态的。从国家课程或教材来说,并非所有的学科课程内容都是静态的,比如,语文、思想政治、历史等学科的课程内容,是以文本的形式呈现,而教师在教学过程中不可能照本宣科,必然存在内容的拓展、延伸或深化,或者说存在个体性的解释。人文社科类的知识具有解释性,很难有统一的标准化知识。比如,教授一首古诗词或一篇小说,虽然教学大纲或教学参考书对教学内容讲解有明确的规定,但教师的教学必然存在个体的阐释以及内容的深化。当然,诸如数学、物理、化学等学科课程内容具有严密的知识逻辑体系,定理或科学原理不具有个体意义的解释性,教师教学无法跳出其知识框架,除非拓展或深化部分内容。从这个意义上说,学校在实施国家课程时仍然存在一定的校本课程开发空间。

"课程"这个概念确实颇令人费解。我国古代也有课程这个概念,但内涵与今天完全不同。西方意义中的"课程",有"跑道"的意思,意味着包括教育目标、教学内容、教学程序、教学活动方式在内的系统规划和设计。因此,课程不同于教材,教材是知识内容的载体。课程既包括知识内容体系,也包括教学程序、实施方式或教学方式。就同一知识内容而言,是采取传授的方式还是采取探究性方式,是采取讲授还是采取活动式教学,就可能呈现不同的课程形式。所以,课程存在形态的差异,这取决于教学方式实施的差异。从这个意义上说,即便是国家课程,也存在校本开发的可能。相同的课程内容,完全可以采用不同的教学程序或教学方式。因此,学校具有课程体系构建和课程开发的可能和必要。我们对校本课程开发的认知存在一定的理解偏差或误解,以为校本课程开发是另起炉灶,是对国家课程的另外补充;事实上,校本课程开发尽管存在一定意义

上的内容补充，但其真正内涵在于对国家课程的实施。从这个意义上说，国家课程、地方课程、校本课程的三级课程划分是有问题的、不正确的或有误导性的，至少不符合学校课程改革的实践。这样一种划分给人一些误解，以为校本课程开发是独立于国家课程的，这不利于国家课程的创造性实施。

学校课程体系构建存在三种可能性，或者说涵括三个方面的内涵：一是国家课程的创造性实施问题，主要是采取何种方式实施国家课程。从课程形态来看，包括活动课程、探究课程等。从实施方式来看，则存在丰富的创造性。应当说，不同学科、同一学科的不同内容模块都具有不同的教学实施方式。这正是课程改革需要深入探索的地方。二是对国家课程的拓展和深化，即还是围绕国家课程的实施，对内容进行更深入的拓展。比如，数学建模教学，采取深入的教学设计或采取更多的实例进行教学，但并没有跳出数学建模的课程内容，基本定理或原理并没有拓展。三是对国家课程的延伸，即并不是围绕课程实施进行探索，而是补充了新的教学内容。比如，体育运动中的球类，国家课程根据学段开设了基础性的球类运动，而学校开发了国家课程所没有列入教学内容的某一种球类教育。艺术教育中的乐器包括很多种类，学校也可以开发某些器乐教学。每个学科在实施国家课程之外，都存在一些延伸性内容的课程开发可能。从这个意义上说，校本课程开发并非简单表现为对国家课程的延伸，事实上这个层面的校本课程开发所占比例也不会很大，更主要表现为国家课程的创造性实施和拓展、深化。

校本课程开发更应该围绕国家课程的实施进行。国家、地方、校本三级课程体系的划分，具有相对的合理性和意义，但是容易造成一种误解，即认为各自具有不同的课程内容，或者说，地方和校本课程是对国家课程的内容补充。但实际上，校本课程开发的重点并不在于对国家课程的另外增补，因为校本课程的课时量毕竟有限；同时，国家课程也只有课程内容、大纲和教学要求，很难构成严格意义上的课程。因此，校本课程其实是对国家课程的创造性实施，即对国家课程内容进行拓展深化，并以合适的、具体的教学方式配套。进一步说，核心素养或关键能力的培养，最根本的地方在于教学内容如何呈现，或采取什么样的教学方式，以更好地适应学生特点并达到教学目标。即便是信息技术，一定程度上可以改变教与学的方式，但其自身仍然难以对教学模式构成颠覆，线上教学或许改变了教学的方式，但未必改变了教师的教学方法，完全存在以线下教学方法应用到线上教学的可能。也就是说，教学仍然取决于教师的主动设计。因此，校本课程建设的重点还是在于对国家课程的创造性实施。较之校本或本校课程这些概念，不如用学校课程体系这个概念以更好地表达这一内涵。

当前的学校课程开发的重心在于对国家课程的补充上，尤其是艺术、科技教育等课程的开发，缺乏对国家课程创造性实施的深度开发。即便有一些关于学科课程拓展和深化的课程开发，但主要还是以知识强化学习为主的再重复训练，继续沿袭了传统的知识教学模式。总体上看，这类学科课程开发未能把握好认知能力和创新能力等关键能力的培养。这主要与教师的专业发展水平有关，即教师未能掌握好学习专业和相关的研究能力，视野还停留在提升学生的应试能力上。同时，教师的课程开发还受到新课程改革提出的自主、合作、探究教学模式的局限，机械地在所有的学科和不同的教学内容上探索这些教学模式，而没有依据不同学科特点、不同教学模块探索多样的教学方式。对国家课程的创造性实施，除了要突破知识教学模式实行学科整合外，最重要的是要探索有针对性的教学方式或实行不同的教学模式。

之所以要采用不同的教学方式，根本上是要使学生摆脱重复的知识训练，促进学生获得结构性知识和知识建构能力；或者说促进学生获得基本的逻辑思维能力和独立思考能力，从而为知识构建和知识运用提供基本的方法。但是当前对国家课程的实施，主要还是强化知识训练，以更好地提升学生的应试能力。国家课程实施的实践走向应当有所转变，它应当追求的不是花样，而是适合的、具体的教学方式。比如，启发式教学、聚焦于批判力培养的研讨式教学、以问题为中心的跨学科探究性学习、以意义丰富为目标的情境式教学、生活和实践性教学、以逻辑思维训练为主的知识系统性教学、试验教学、以想象力激发为主旨的艺术创新教学以及信息技术利用的网络教学等模式，就应当根据课程内容和育人功能需要加以多种运用。

学校课程体系构建包括三个方面的内涵，但这三个方面究竟如何进行课程开发、三者之间如何协调、学校课程体系构建的重点是什么，需要进行统筹考虑和整体设计。现在的问题在于，三个方面的开发缺乏明确指向，三者间的关系缺乏统筹，整体指向何处也欠缺考虑。

二、学校课程体系构建指向的两个时代性问题

学校课程体系的整体性构建,既需要考虑到三种内涵意义上的课程开发,也需要统筹三者之间的关系,更重要的是要把握学校课程体系构建的根本性问题。前面已经阐释过课程体系构建可能存在的对教育目标或任务的偏离问题,也就是说,对学校课程体系构建而言,首要是把握课程建设的方向或灵魂。在当前主要是要结合时代方位,瞄准人的全面发展的培养,重点是把握好政治教育与创新教育及两者之间的关系。

课程作为教育教学的重要载体,如何更准确地指向人的全面发展,并非是基于核心素养培养那么简单。首先是要充分把握人的全面发展所具有的中国特色内涵或时代使命。前面也已经提到,马克思主义所讲的人的全面发展,是针对现代性问题而提出来的,描述的是一种理想社会形态中的全面发展,即政治消亡社会中的一种全面而自由的而不是被他物奴役所造成的片面的发展。这个理想形态是要通过实践不断推进的,换句话说,中国特色社会主义教育关于人的全面发展,具有自己的内涵规定和实践渐进性实现路径。中国特色社会主义道路、理论、制度、文化,全面规定了"人的全面发展"的政治内涵,也规定了人的全面发展的水平和特色。教育的首要内涵是思想政治教育,即培养政治的人的教育。学校课程体系建构在促进人的全面发展上,关键的或根本性的是要实施好思想政治教育,在当前就是以习近平新时代中国特色社会主义思想铸魂育人,引导学生坚定理想信念,厚植爱国主义情怀,践行社会主义核心价值观,增强"四个自信",提升道德修养。

当然,人既是政治的存在也是哲学的存在,既是社会性的存在也是个体性的存在。正如有人所说,独立的个人存在是一个虚假的概念,只有个体的物理之存在确实是独立自足的,因此说共在先于存在。① 这是对的,但并不能否认个体追求个体性或超越共在的生命冲动。生命既是社会性的也是个体性的,没有纯粹个体意义上的生命,也就是说生命总是在社会性中成长起来并被赋予底色的。个体因为追求自身幸福或自由而存在超越政治的哲学冲动,但这种哲学形而上的追求只可能是在政治空间内寻找最大的可能性。我们现在提出的核心素养或综合素养,也必然是从社会需要的

---

① 赵汀阳. 第一哲学的支点 [M]. 北京:生活·读书·新知三联书店,2013:251.

视野提出的普遍要求。核心素养的"核心"总是具有普遍的、基础性的、社会性的特点。当然，核心素养或关键能力也照顾到了个体生命成长的需要，但这种照顾仍然要在思想政治教育的框架内进行。事实上，中国特色社会主义教育在促进人的全面发展上，是遵循马克思主义关于人的全面发展的科学设计，从理想社会形态进行社会与人的发展的系统设计，真正指向人的全面发展，充分考虑到人的个体生命成长的最大可能。当然，人的发展要在实践中不断推进。这是学校教育也是学校课程体系建设的根本哲学所在。

同时，学校课程体系构建的方向性把握，也应当考虑到新技术的发展对教育和人的发展提出的新要求、新挑战。新技术的发展，特别是人工智能的发展，正在深刻改变人的学习方式、生活方式，对人的教育以及未来发展带来难以预测的冲击。这至少可能影响和改变人的学习方式、教学方式，以及改变人类劳动和社会模式，进而对人的素养培养提出要求。当然，关于未来的技术发展如何改变教育和人的某种想象，其实是现时性的，也就是现在已经可以看到的。根据技术发展的逻辑趋势，确实可以预计不久的将来人工智能代替人类的重复性劳动和工作，进而影响劳动力市场，甚至对人类社会模式产生深刻的影响。这对教育意味着什么？是否意味着教育必须关注培养超越智能机器的人？或许技术可以在教育中获得很好的应用，包括改变课程样式、教学方式。但是，技术对培养什么样的人这一首要问题是否产生根本性的影响还值得怀疑，除非技术改变了社会模式。值得仔细区分的是，技术的发展确定可以改变人的职业或生存教育或技能培养，但未必就显著地改变了教育的基础性内容，比如机器人代替了人的操作，导致操作工的大量减少，但这并不意味着操作技能的培养与教育就不需要了。事实上，动手能力和实践能力培养仍然还是教育的重点内容。因此，教育的真谛和本质还是没有改变，也不应当改变。这个真谛就是，教育是培育人性的。人性有两点：一是人的灵性，即创造性，这是人独有的；二是人的情感性，包括人对自然、社会和世界的关系认识，以及由此及彼的对人自身的认识，进而获得生存和幸福。也因此，创新工场董事长李开复在"2017中国企业领袖年会"上说，未来人类的工作就是创造型和关爱型。这正是基于对人性的认识，不同的是，技术发展强化了这一本性，对人的创造性培养和人性培养提出了越来越强烈的要求。因此，学校课程体系构建必须充分考虑到这一点，既要深刻地关注学生综合素养和关键能力的培养，特别是创新能力培养和实践能力培养，也要深刻关注思想政治育人与人性关怀的教育。

从这个意义上讲,我们经常强调的创新人才培养,绝不能单维度地理解为创新能力的培养,比如好奇心和想象力的培养,必须理解为完整的人的培养。创新意识与创新能力虽然集中表现为独立思考、质疑与批判性思维以及想象等特点,但与人的身体经验感知、情感、意志力、品质等各方面要素密切相关。即便是就创新素养的知识基础而言,创新能力也需要跨学科知识或交叉学科知识作为支撑,单维度的知识越来越难以支撑创新能力培养。而且,更重要的是,如果个体沉迷于知识的学习,无法超越知识进而获得丰富的生活意义,就必然会迷失自我。或者说,沉浸于标准化知识的反复操练,热衷于功利性的知识考试,丧失学习兴趣,就谈不上创造力的培养。功利性是创新能力的大敌,自由与兴趣才是创造力的根本动力。因此,创新人才应当是在人的全面而又自由发展基础上培养的。

由此看来,知识、能力、情感态度、价值观之间的关系也需要重新认识。三者之间在人的发展上是否构成并列关系,或视其为同等重要的素养,是值得推敲的。对于人的成长而言,知识和能力只是基础,因为知识和能力于人而言并不具有完全的独立性,或者并不具有存在论上的意义。追问人的存在,一定是追问生活的意义和价值问题,而知识和能力并不能构成终极的意义。它们不过是人的情感的基础,即是说,学习和获得知识、能力是为了获得对世界的认识,从而更好地行动和实践进而获得幸福或生活的意义。如果知识学习和能力培养并不能构成独立的教育事件,那么就需要超越功利性的知识学习和能力培养,使教育更好地促进人的情感成长、人性成长,促进人获得生活的意义并不断创造美好生活。

学校课程体系构建需要斟酌政治教育与创新教育的关系。一方面,政治教育构成学校课程体系构建的关键,要高度重视政治教育;另一方面,创新教育也构成新时代政治教育的重要内涵,也需要给予特别重视。政治教育和创新教育成为新时代中国特色社会主义教育的根本和显著的特点。课程改革无论怎么改,从方向上看就是要谋划好政治教育与创新教育。课程体系构建是个综合系统,但核心是统筹好政治教育与创新教育的关系。

三、国家课程创造性实施应遵循的科学依据

国家课程创造性实施并不是一个新事物,早有大量的教学实践,但在丰富的教学实践中我们经常看不到具体的方向。教育教学虽然需要有经验

的积累，也需要有艺术的发挥，但毕竟还是要有一些基础性的模型，或者是基于不同模块内容的教学改革典型案例，或者是基于学科核心素养培养及学科自身特点的教学典型案例。课程与教学改革缺乏具体的典型教学案例，原因并非完全在于概念的提炼及问题的总结，主要还是在于，多数的教学改革实践往往是经验式的，或者是直觉基础上的判断，缺乏科学的依据和足够的理论解释力。缺乏科学依据或许意味着方向性的错误，至少不能证明方向性的正确。

国家课程的创造性实施，可以根据核心素养培养要求、学科课程特点以及不同课程内容模块进行相应的课程开发；或者是创新教学方式，或者是深化拓展以及延伸国家课程，并进行必要的课程整合。但我们何以保障国家课程的创造性实施就一定是科学的呢？其中，核心素养模型或许具有构建的科学性，但何以保障教学方式的科学性，仍然需要思考。因此，必须为国家课程的创造性实施奠定科学的依据。

不言而喻，国家课程创造性实施或学科教学的直接目的和终极关怀都关乎人的成长，促进人的全面发展。如果以"目标—方式"这个维度作为划分的逻辑，国家课程创造性实施至少需要遵循核心素养发展、脑认知规律、学生身心发展特点及激发学生学科学习兴趣的逻辑，或者说要以此四点作为根本的、也是整体的依据，因为这四点或是从目标上或是从方式上，都指向人的发展规律。但其中的任何一个依据都不足以单独构成国家课程创造性实施的依据。学生核心素养或综合素养获得发展，并非必然基于科学方式的采用，也可能是以机械训练获得的事倍功半的结果，而这却不是我们所需要的，也与课程改革的初衷相背离。同样，基于脑认知科学和学生身心发展特点的学科教学改革，也未必就必然促进学生综合素养的完整发展，因为课程内容可能存在偏离素养发展的问题。同时，任何教学方式的科学性都必须基于学生学习兴趣的激发，这是教育教学的基础，也是关键，因为教育的根本目的并非在于给予学生多少知识，而在于激发学生自主学习和探究未来的兴趣。学生在学科学习中产生畏难情绪或感到枯燥从而丧失兴趣或自信，就不利于大脑的激活，并使学生处于被动学习状态，从而不可能有好的学习效果。因此，国家课程创造性实施的科学依据应当在于下述四点的整体运用。

1. 学生核心素养发展

显然，核心素养模型为学科教学改革方向提供了一个具体的指标框架，但对学科教学改革的指向性作用仍然是有限域的。核心素养模型的建立，主要是国家和社会基于教育公共性或国民素质发展的考虑，以检测学校教育教学的整体效果和学生核心素养发展的普遍情况，很难构成学科某一次课堂教学或具体教学活动效果的判断依据。学生核心素养发展检测结果的运用，主要在于对课程内容进行适当的调整，根据素养缺失或薄弱情况，增加和调整优化某些课程内容；或者对教学方式进行必要的改革。当然，这是从核心素养模型与教学内容整体设置上说的，事实上，某一素养发展的薄弱或不足并不能简单地对应于某一学科内容的优化考虑，因为即便单个素养的发展也是需要教育教学内容的整体安排的。比如，脑科学研究表明，艺术训练不仅可以启发创意，也可以提升人对事物认知的整体思维水平：艺术的图像化思考对学习数学就非常有帮助，[1] 听音乐可以提高人的空间推理能力。[2] 因此，我们不能因为学生逻辑思维发展的不足而片面调整某一学科的学习，而是要从整体上进行考虑。从这个意义上说，核心素养模型对学科教学改革的指引是整体的而不是单一的。即便是学科核心素养指标体系，也未必就完全照应到特定教学方式的科学采用问题。以普通高中学科课程核心素养指标为例，任何一个学科的核心素养指标，通常为四五个，并非其中每一个指标都可以对应于特定的教学方式或模型，其中诸多指标应当指向学科教学的全部过程，很难与具体教学方式或模型建立对应关系。当然，不乏某些指标具有明确的教学模型对应。从这个意义上说，核心素养模型或学科核心素养指标体系，确实对学科教学方式改革具有明显的引导作用；并且核心素养发展的检测结果也可以为学科教学方式是否科学或是否达到教学目标提供基本的遵循。但是，教学方式或模型本身是否科学，仍然难以确定。这不仅因为存在教学方式并不科学但也有提升学生核心素养的可能性，而且还因为核心素养发展的检测结果只能在一定意义上证明教学方式或模型存在问题，而难以对教学方式本身的错误或非科学提供科学的依据或程序性的说明。况且，学生核心素养发展的影响因素极其广泛和复杂，很难建构起核心素养发展结果与可能的影响因素之间的关系模型。直白地说，某一因素对核心素养发展的影响程度究竟如何，还难以判断。当然，这并不妨碍核心素养体系对学科教学改革的指引，以及我们把核心素养发展检测结果作为考察教学方式科学性的根据之一，至少可以检验教学方式是否存在问题。而教学方式究竟错在哪里，则

---

[1] Boaler, Jo. Mathematical Mindset. San Francisco: Jossey–Bass, 2016. p. 26.
[2] 周加仙. 从脑科学的视角看艺术学习 [N]. 人民政协报，2015–4–15.

是另一回事。也因此，还需要为教学方式寻找更多的科学依据。

2. 脑科学、认知科学或学习科学

脑科学是关于神经科学以及更广义上的脑的结构和功能、认知神经科学；认知科学是研究人脑或心智工作机制的科学；学习科学最初就是认知科学，后来独立成为一门研究学习活动的科学。脑的结构和功能、认知规律可以揭示何种学习方式是有效的和科学的，有助于我们判断和选择具体的、有效的教与学方式。当然，以脑的学习能力为导向，课程设置也应有相应的变化，但更主要的是对学习方式变革的影响。有人把脑科学对学习方式变革的影响概括为四个方面：一是要遵循大脑发育规律，二是要遵循大脑分工规律，三是要遵循学习和记忆的规律，四是要遵循情绪和动机的工作规律。① 这是就脑的结构和功能而言的。遵循脑科学，学习方式就可以找到一些科学的依据，比如小学数学课的计算与图形教学就需要采用不同的教学方式。又比如，加强学科教学对学生表达能力的培养，如果仅仅依据核心素养模型或学科核心素养，则完全可以专题演讲形式或专门的演讲校本课程来实行；而依据脑科学，学生之间的学习分享和表达，可以有效增进学生对所学知识内容的更深入的理解，完全比学生被动接受信息时更能激活脑神经。如此，诸如分享和表达之类的教学环节就应该常态化，并贯穿于所有的学科课堂教学中。这是两种完全不同的结果和做法。按照皮亚杰儿童心理学对儿童认知规律的动作感知、前运算、具体运算、形式运算四个发展阶段的研究，不同年龄阶段的儿童在教学内容与教学方式上都应当有明确的区分。认知科学对语言、视觉注意、记忆、意识、逻辑思维的研究，特别是对意识产生的研究，为学习科学的研究提供了重要的基础，有助于我们把握儿童的学习特点，更好地改进教学方式。当然，脑科学研究，特别是认知科学的研究还不成熟，脑科学或认知科学的已有研究成果还没有在教学中得到很好的应用，对学科教学方式的改变还没有提供很好的依据。

3. 学生身心发展特点

身心发展包括生理的与心理的发展。身体的发展，特别是感官的发展，不仅有利于促进人的心智发展，而且其本身就是世界认知的重要方式。教育既要重视身体的发展，更要重视基于身体需要的教学。以学段来说，小学更应注意学生的感官发展和身体经验的学习，对活动式学习有显

---

① 薛贵. 脑科学与学习变革［J］. 教育家，2018（1）.

著的需要，可以采取直观的图像式辅助学习、基于生活经验的场景式学习以及激发想象力的创意式学习等方式。心理发展，除了知觉和认知发展外，还包括情绪、人格、行为和人际关系的发展。学科教学除要重视人的逻辑认知和想象力的培养外，还应当重视人的情感和价值的体验和获得、人格的健全发展以及人际关系正确处理能力的培养。培养全面发展的人或完整健全的人，从根本上说就是要培养能够获得正确的自我认知的人。从教学来看，如何把握学生心理发展特点，实施科学的教学活动，适应学生的心理发展特点，是教学是否科学和取得良好效果的重要保障。比如，根据小学生的注意力控制能力比中学生稍差或青春期的学生情绪波动大的特点，教学方式就要有所调整。当然，教育教学遵循学生心理发展特点，更重要的是要照顾好学生的心理需求，比如教学中要学会表扬，特别是要学会尊重学生。教学活动或教师劳动的特点不同于其他劳动的地方，可能就在于它是一种师生关系的处理。但师生关系并非简单表现为情感关系，它更主要是一种理性关系。它既是教师专业道德的集中体现，也是教学模式的直接表现。对于所有学科教学来说，一定的教学技能和学科知识是必要的，但更重要的是学会处理师生关系，这是所有教学方式中最为基础性的，也是最为核心的要素。建设什么样的师生关系，教师是否尊重或关爱学生，决定着教学方式的差异。尊重学生的个性化发展，尊重学生的独立思考，就必然要求改变知识传授式教学，构建以学习者为中心的教学模式。

不同年龄的学生身心发展特点存在差异。因此，即便是相同的教学内容，不同学段的教学方式也应有所区别。比如，相同的道德教育内容，在不同学段就必然需要实施不同的教学方式。我们经常讲德育内容一体化，实际上，教学方式差异也是重要的维度。或者说，方式的差异也构成了课程的差异。总之，遵循学生身心发展特点，是教育教学的一个重要的科学依据。

4. 学生学科学习兴趣或自信的激发

学科学习兴趣是大脑全面激活、思维活跃及想象丰富的最好基础，可以显著提高学业水平，同时也是主动学习和深入探究的根本动力。所谓兴趣是最好的老师。任何学科教学改革都必须基于学生学习兴趣的激发或自信的建立。判断学科教学方式是否科学的一个重要前提，是看是否能激发学生对学习的兴趣。任何学习方式，尽管可能符合人的认知规律，或能提升学生的核心素养，但如果未能激发学生的学习兴趣或对学科的热爱，都不能称之为科学的教学方式。被动学习、惰性学习和缺乏学习自信是当前教学的常态化问题。从某种意义上说，被动学习或惰性学习是当前应试教育弊端的根本体现，也是"机械刷题"现象的另一个代名词。当然，具体的课堂教学也不乏活跃的表现，但总体看来，并没有很好地帮助学生建立起学科学习兴趣。或者说，学生可能对既定的学习有兴趣，但并没有建立起真正的学科兴趣和热爱。推进教育教学改革，改变应试教育局面，倡导以生活为中心的学习、探究性学习等新的学习方式，培养学生核心素养，促进人的全面发展，必须基于学习兴趣激发或对学科的热爱的。事实上，学习兴趣与以研究性学习或探究性学习为中心的新的学习方式，具有内在的统一性。人的好奇心或兴趣来源于未知、疑惑和问题，而且主要是来源于生活中的未知、疑惑或问题以及问题的解决或新发现。从未知到已知、从疑惑到问题的解决，可以进一步增强学生学习的兴趣或积极性。在生活实践中学习，以探究性学习为主的学习方式，既是符合学生认知或身心发展规律的需要，也是培养学生核心素养的需要，更是激发学生学习兴趣的根本方式。在激发学生的学科学习兴趣上，我们也经常探索教学方式改革，但主要是运用语言艺术或教学组织形式变化等手段，往往不得要领。因此，学科教学只有紧密结合生活，引导学生从生活中发现问题和解决问题，才能从根本上引导学生建立起学科的兴趣和热爱。脱离生活的、抽象的符号式学习并不符合中小学生身心发展特点。为此，学科教学改革绝不能是雕虫小技式的修补，必须从根本上建立起基于生活的学习或以问题为中心的探究性教学。

四、个性化需求课程开发的基础性框架

个体的兴趣、特长、学习领域及学习方式都存在差异。因此，学校课程体系有开发个性化学习课程的必要。从学校层面来讲，个性化课程开发并非仅仅限于国家课程外的延伸性课程，也包括国家课程的创造性实施、拓展和深化。新课程改革以来，校本课程开发在个性化学习课程提供上确实有大量的探索。普通高中新课程改革，必修、选择性必修、选修课程模块的区分，表明我们已经从课程上充分关注到了个性化学习的需要。但义务教育具有自身的特点和性质，不太适合按高中课程模式进行相应的三类模块的区分，而主要应当着眼于国家课程创造性实施以及拓展深化或延伸进行个性化校本课程开发。但问题是，学生个性成长需要的课程不可能达

到提供的最大量，或者说，学校课程体系永远不可能最大化地实现学生个性学习的需要，学校也不可能具有这样的课程开发能力。当然，学校也可以借助于社会资源扩大课程开发和课程供给能力，但学生的学习时间总是有限的。因此，学校的以个性化学习需求为主的校本课程开发也需要有整体的统筹和考虑，既需要对学生个性化课程需求做基本的调研判断，也需要着眼于个性化课程的基础性框架来构建。

构建个性化学习的校本课程体系，要考虑到如下几个方面。一是要找到有效提升学生关键能力或核心素养的奠基性个性化课程体系，也就是要围绕国家课程的创造性实施进行开发和构建。根据国家课程设置、德智体美劳全面发展培养目标以及核心素养培养要求，个性化课程体系应重点包括思想政治教育与道德教育类课程、科技创新教育类课程、阅读教学类课程、体育与健康教育类课程、艺术教育类课程、劳动教育类课程、生涯规划教育类课程。从领域来看，这样的划分或许比较全面，对于学校课程开发而言也是必要的。个性化学习课程开发需要照顾到课程领域的全面性。真正要考虑的是如何在整体性的领域中选择要开发的具体课程。

二是要找到每个类别或领域的关键性课程或支柱性课程。个性化校本课程的每一个类别或领域的课程范围非常广泛，涉及的课程极其丰富，学校不可能开设所有可能的课程。因此，必须为每个类别或领域构建关键性的课程，并做深做出特色。思想政治与道德教育领域的个性化课程开发，应加强理想信念教育、爱国主义教育、社会主义核心价值观教育、道德品质教育等方面的课程开发；科技创新教育领域课程开发，重点是加强小发明小制作课程、以问题为中心的科技探究类课程的建设，包括"创客"教育、"三模一电"教育、机器人教育、人工智能教育、STEM教育等方面的校本课程开发；阅读类应加强阅读兴趣培养、中外经典著作阅读、中华传统文化作品阅读等方面的课程开发；艺术类课程的开发除了常规的乐器课程，还可以开设戏剧类、电影类以及以动手和想象力培养为主的剪纸、绘画创作等方面的课程开发；体育健康类可以在一两种球类、体育游戏、健康知识或技能等方面进行相关的课程开发；劳动教育类可以在一两种传统形态劳动、一两种劳动技能、劳动精神培养等方面进行课程开发。至于某门课程能否纳入每个类别的个性化课程或成为其关键性课程，一方面要考虑其对培养人的能力和素养的功用，另一方面要考虑其是否具有综合性，即可以通过一门课程培养学生多方面的素养和能力。个性化课程开发并不应把数量多少作为主要追求，关键在于选取基础性的领域进行课程开发并做深做强。当前学校个性化课程框架构建的主要问题，是在课程开发的选取上缺乏基础性，未能有效指向关键能力的培养。同时过于关注或强调某一方面或领域的课程开发，甚至过于追求细化的知识或某一特长的训练，而忽视了整体的课程开发布局。

三是要考虑到课程形式的多样性，或者说，以多样化的形式呈现课程。在提供相对丰富的个性化课程上，可以采用微视频或微课程的形式提供；或者依托学生社团开展丰富多彩的课程活动；从形态上看，要着重开发活动型、探究性课程，不能简单沿袭传统的传授式课堂教学模式。重点要在支柱性课程建设上做文章，做出精品和特色。

四是要考虑到课程的综合育人性，要把具有综合育人性的课程作为支柱性课程，或者说，要充分发挥支柱性课程的综合育人功能。当前的不少学校虽然开发了相对丰富的个性化校本课程，但课程的功能过于单一，教学方式过于简单，以至于忽视和缺失了课程的综合功能。尤其是艺术、科技教育等课程的开发，存在明显的"单维度"问题，即侧重于单功能的表现或单技能的培养，缺乏跨界或跨学科的课程整合。比如美术类的剪纸教育课程开发，往往关注学生动手能力的训练，注重剪纸的动作技能，而忽视了剪纸与文学故事的结合，忽视了剪纸与艺术作品的结合，忽视了以主题形式激发学生想象力和创作力的培养。又比如皮影戏课程开发，一般注重皮影的形象表演和动作配合，常常忽视材料的制作学习，与故事教育的结合以及以主题形式推动学生创造力的培养。再比如茶文化课程开发，往往注重茶的种类认识、颜色和味道辨别以及茶礼仪教育，而忽视了茶种植的土壤认识、茶成分的科学检测等内容的教育。总体上看，这些校本课程内容较为单一，功能发挥单一，呈现方式也比较单一，投入了大量精力、财力、人力，却没有由此实现综合育人的目的。着眼于实现课程的综合育人功能，个性化课程的开发和设置，就不宜按领域进行过于细分的开发。这完全可以通过支柱性课程以及相应的跨学科学习或综合性学习，达到在有限的时间内既满足学生个性化学习的、培养多方面兴趣的，又能培养学生的综合素养或关键能力。实际上，个性化课程设置的初衷还是在于激发和发现学生的潜能，保护和培育学生的兴趣，而并非完全在于培养学生的特长。因为学校并没有足够的教育资源提供给学生实现充分的个性化成长，这样构建起来的个性化课程的基础性框架，就可以利用有限的资源实现学生的个性化成长，同时促进综合素养或关键能力的发展。

与个性化课程开发相适应的还有课程的教学实施问题。从教学方式上看，重点要推进创意设计式学习、活动教学、探究性学习。从时间安排上看，应当充分结合课堂与课后进行教学。对国家课程进行延伸性的开发，可以在课后时间并以社团形式开展；国家课程的创造性实施，主要是学科教学方式改革以及对国家课程的拓展深化，宜在课堂内实施。

五、课程形态变革

以上关于学校课程体系构建的探讨，主要是讨论学校课程体系构建的可能性，以及围绕国家课程的教学实施、内容拓展与深化、内容延伸三个层面，构建学校课程体系的基础性框架，回应了学校课程体系的内涵或内容组成并初步回答了国家课程实施的科学依据问题。与学校课程体系构建相配套的还存在一个教学实施的问题，或者说，学校课程体系本身内在地包含教学的实施问题。具体的教学方式采用或改革问题将在下一章讨论，这里主要从中观层面讨论课程形态及其变革问题。因为课程形态是介于课程内容与课程实施之间的中间环节，既是对课程内容的拓展，又依赖于课程实施的具体深化；既是对课程性质的标明，又是课程实施方式的根本规定。课程形态建设可以为教学改革搭建主要的框架，应当成为课程改革深入推进的方向。

课程形态，指课程存在的形态与表现形式，可以有不同视角分类，比如微课程、网络课程等就是一种课程形态表现。最值得探讨的是课程根本属性差异的形态表现。根据核心素养培养要求、学生认知规律、身心发展特点差异，课程形态必然需要不同的呈现。比如，根据各种核心素养或关键能力特点和属性分析，不同核心素养或关键能力的培养，或许需要采用不同的课程形态。当然，不同的核心素养培养也存在采用同一种课程形态的可能，比如实践能力和爱国主义情感的培养都需要活动形态的课程。而且同一素养培养可能有多类课程形态与之相对应，因此课程形态划分的逻辑比较复杂。

首先讨论一下核心素养模型以及脑科学或认知科学对课程形态建设提出的要求。核心素养模型影响到课程形态的建设，包括两个方面：一是单个素养本身也是多维品质的内在构成，比如创新素养就包括批判性思维、想象力等多种品质或能力要求；二是不同的素养特性要求不同的课程形态，比如道德发展和认知发展这两个领域的素养表现差异必然要求对应不同的课程形态。我们可以人文素养、科学素养、艺术素养、道德素养、生活素养、实践创新素养等为例分别进行其特性分析。

人文素养的核心在于人性和生活,涉及人类生存意义和价值追求的终极关怀。人文科学具有不确定性、理解性、具体情境性。人文教育的要义在于把人带进文本的意义世界,使人获得更深入的意义理解,促进人的精神丰富,更好地促进人理解人自身及其周遭的世界。从根本上说,人文的教育也包括对世界的科学认识或经验认识,通过这种认识促进人通达自身,获得人生意义和价值。从这个意义上说,人文素养的培养对阅读学习与讲授型的课程教学有着显著性的要求,当然对身体参与的活动教学和探究式教学也同样有要求。其主要教学模式可以是讲授式,但讲授式教学并不等同于机械传输式教学;如何通过特定场景的生活回归,具体意义的多维与丰富的揭示,人性矛盾、困惑及其选择的展示,促进学生的自主建构,是讲授式教学需要改革的重心所在。科学追求的是对自然世界普遍规律的认识。归纳、演绎、分析等逻辑思维能力、独立思考与批判质疑能力、想象力、创新能力等是科学素养的核心。这种理性思维的特点对知识系统性学习和探究性学习有着显著的要求。科学知识或理论体系具有系统性和结构性特点,概念、原理和符号的周密论证推理是教学的重要内容,从这个意义上说,讲授式教学具有较高的效率,但知识讲授的目的仍然在于激发学生的认知兴趣,为解决实践问题奠定知识基础,因为科学知识终究是为了解决生活和实践问题。以问题为中心的探究式学习有别于知识传授式学习的地方,就在于它是基于现实问题解决的知识或技术创新的研究过程,可以更好地培养学生的创新能力或研究能力。艺术具有非理性或感性的特点,包括的技能、鉴赏力和想象力等艺术素养皆属非知识范畴。因此,音乐、美术、舞蹈等教学及其与其他学科的跨学科学习均显著要求采取活动式课程教学,以充分发展学生的感官、大脑、身体经验或体验。道德素养、生活素养都属非知识范畴,均具有明显的实践特点,其养成过程和结果都需要靠行动来体现,比较适合采取活动式教学、实践性教学。创新素养主要体现为一种解决实际问题的能力和创造力,是知识、理论、方法、想象力与实际的结合应用,显然更需要探究性学习,当然也需要知识学习作为基础。

脑科学对课程形态也有一定的支撑,或者说,不同形态的课程对大脑发育有着不同的促进作用。脑科学研究表明:问题的解决涉及问题的场景、多学科或知识以及不同方法的运用,这种复杂的活动可以不断刺激大脑神经元,协调前额叶皮质不同功能区的相互作用,改进大脑皮质组织,实现神经元的强联结，因而通过自主学习，可以提高元认知能力。同时，大脑结构也具有整体性活动的特征，而探究活动中的实践和反思则能够促进整体的理解，促进学生心智结构的完整发展。[①] 不仅如此，教学中的生活回归与多维场景的再现，可以为大脑神经发展提供多面激活，而活动式学习可以激发人的视、听、触等感觉知觉的发展，更好地促进智力发展和情感发展。

根据以上讨论，核心素养模型与脑科学为课程形态分类及其建设提供了一定的参考，但还不足以构成课程形态划分的严谨依据。也就是说，课程形态的划分必须有一个明确的逻辑支点。那么，按什么标准或依据来判断课程形态属性的根本差异呢？实际上，课程形态是学习方式的分类概括。以何种形式来开发和呈现课程，必经基于学生学习的需要，基于适应学生学习方式的需要。人的学习方式固然包括多种分类或多种形式，但从人的认识来源或知识生产的途径来看，大体上包括三种：一是基于脑认知的接受或建构性学习，以逻辑思维与想象为主的学习，但终归是书本知识的学习；二是以兴趣为出发点，以生活问题为中心的探究性学习；三是身体参与其中的经验性认识，主要是指通过身体的触、摸、看、听等感官取得的经验性认识以及获得的情感态度，这种经验性认识或情感获得也是个体感知世界和情感体验世界的重要来源。当然，这三者之间也不是截然分离的，它们存在交叉的可能，而且也不能绝对地区分哪种学习方式好或不好，只是各自具有不同的特点、优势及应用范围而已。根据这个划分依据，课程形态也可以相应地划分为认知形态课程、探究形态课程和活动形态课程三类。

其中，认知形态课程是以人的逻辑思维、批判性思维、独立思考能力以及想象力培养为主的课程，其学习方式主要是知识接受及其建构性的学习、创意设计式学习，基本可以在学科课程中得以实现。但其并非学科课程教学中唯一的学习方式。实际上，学科课程教学也需要探究性学习或活动型学习。或者说，学科课程也需要加强开发探究形态和活动形态的课程。而且，不同学科对三种形态课程的需要还存在差别。比如，思想政治理论课程、艺术与体育课程更需要活动形态课程的开发，而物理、化学、生物等课程更偏向于认知形态课程和探究形态课程的开发。认知形态课

[①] 孙可平，冯兰. 脑科学视野下理科教育中科学探究教学有效性的辩议［J］. 全球教育展望，2013（10）.

的开发，在于对国家课程的创造性实施，改革以知识传授与反复操练为主的教学模式，加强综合性学习、探究性学习，强化逻辑思维训练和想象力培养，培养独立思考能力和批判性学习能力。

探究形态课程属于一种开放性的课程形态。由于对问题的探究具有开放性和未知性，因此探究性课程开发并没有固定的知识内容，只有基本的教学方式方法，或者基本的研究方法训练，以及独特的思维训练和想象力培养等。同时，与认知形态课程强调知识的系统性学习不同的是，探究形态课程是以问题为中心的探究性学习，强调以问题解决为导向的综合性学习，重心并非在于系统性知识体系的学习。这种通过综合应用知识解决实践问题的学习方式，更有利于人的创新能力培养。近些年来，探究性学习越来越受到重视，并且以各种形式出现，比如"创客"教育、STEM 教育、项目式学习等。但其核心其实只有一点，即以问题为中心的通常是跨学科的研究和学习，其基本技术路线大体是"发现问题—提出假设—分析或实验—解决问题"。探究形态课程的重要性不言而喻，它是改变现有知识教学方式的重要路径。普通高中数学、物理、化学等学科的课程标准，把探究能力培养作为学科的核心素养，而且在课程内容中把探究性学习设置为重要的模块。探究形态课程开发的范围广泛，包括社会类、生活类问题的调查和分析，自然世界的观察和科学探究等广泛领域，是校本课程开发的重要向度。

活动形态课程指向人的感官发展、身体经验的学习、动手能力的培养以及情感态度的培养，通常以活动的形式开展。人是自由的生命存在，所谓存在就是选择如何存在，[①] 进一步说就是在他者关系中选择如何行动。也就是说，不管人如何认知，归根结底是要在生活中做出行动。实践行动是人的重要学习方式，也是活动课程的主要特征。应该说，活动形态课程是认知性课程的重要补充。其实活动形态课程并非是个新概念，以专题形式开展社会实践活动或德育活动以及某些探究性活动，是活动形态课程的主要表现形式。活动形态课程往往被视为学科课程的补充存在物，但其实它应该是学科课程的重要构成，即学科课程既需要以认知形态呈现，也需要以活动形态或探究形态呈现。然而，活动形态课程在学科教学中并没有得到充分的体现，这与对活动形态课程的内涵与作用认识不到位相关。活动形态课程应当着眼人的感性认识教育，着眼人的身体的教育，类似于杜

---

① 赵汀阳. 第一哲学的支点 [M]. 北京：生活·读书·新知三联书店，2013：251，208.

威的"做中学",应当在做的过程中培养人的感知能力、经验性认识能力、动手能力、行动能力。这种认识能力不仅是生命成长的自身需要,也是科学或理性活动的基础。活动形态课程的开发,应当基于人类的日常生活或劳动,以动手做事、制作及实践行动为主。教学改革应当加大对活动形态课程的开发力度,学科课程的实施或教学完全可以适当采取活动的形式组织,至少可以实现认知形态与活动形态的结合,或实现包括活动教学在内的多种方式的组合。思想政治理论教育、德育、科技教育、劳动教育、职业技能教育、生存教育等类别的课程开发都可以更多地以活动形态来呈现。

学校课程体系的构建,即围绕国家课程实施进行的课程开发,要关注课程形态的三类构建及其变革。特别是在学科教学中,要根据教学内容需要综合开发三种形态的课程,综合运用活动式学习、探究性学习。应当说,活动形态和探究形态的课程开发还远远不够,而且没有得到充分运用。认知形态课程还需要进一步改革,重点是在学习方式改革上下功夫,即在改变知识传授式学习的同时,加强知识的综合性、探究性和活动式学习。而在学科教学中避免过多的认知形态课程,探索多样化的课程形态,则是课程改革需要探索的重要维度。

第三章　国家课程创造性实施

2001年启动新课程改革以来,中小学校热衷于并持续推进校本课程的开发,当然主要是致力于满足学生多样化学习需求的个性化课程或特色课程的开发,以期弥补课堂教学对学生综合素养培养的不足。但校本课程开发并没有很好地围绕学科课程的创造性实施进行,学科课程开发基本上着眼于以知识训练为核心或目标的某些延伸,国家课程的校本化实施和学科教学方式改革并没有获得深入的推进。校本课程开发的繁荣并没有促进学科教学变革的深入,学校课程体系建设也往往忽略国家课程创造性实施这个核心,学科教学方式变革作为学校课程体系建设的核心内容并没有得到很好的体现。当然,学科教学改革与探索从未中断,先前是围绕"自主、合作、探究"模式进行,近些年来提出要围绕核心素养模型或关键能力体系进行,这无疑是一种进步。特别是高中课程改革,围绕新高考命题改革方向,内容设置上更适应学科核心素养培养。但问题是,核心素养模型和关键能力体系对学科教学改革虽然具有指导和引领作用,可以为课程内容设置或课程形态选择提供说明、解释,但并不足以支撑学科教学方式的具体探索,因为学生综合素养的有效培养还得依赖于具体教学方式。同样,学科核心素养培养也并非可以直接开发成相应的课程,其应当贯穿于教育教学的全过程,可能更适合于教学案例的开发。学科教学改革可以依据学科核心素养、学科特点以及课程内容模块特点,进行以教学方式改革为主题的典型教学案例开发。但究竟应采取什么样的教学方式,或者说,教学方式改革应当遵循什么样的科学根据,仍然需要探索。教学的经验积累是必要的,但学科教学改革则需要有科学的依据,包括来自脑认知和学生身心发展特点的科学依据。

一、学科课程整合

国家课程创造性实施涉及学科课程的整合问题或统整问题。教育部2001年印发的《基础教育课程改革纲要(试行)》把课程整合作为基础教育课程改革的具体目标之一,提出要改变课程结构过于强调学科本位、科目过多和缺乏整合的现状，整体设置九年一贯的课程门类和课时比例，并设置综合课程。这句话强调了两点：一是要改变学科课程的内容交叉和重复现象；二是要加强课程领域的综合性学习。现在看来，学科课程内容得到了明显的整合，《历史与社会》《道德与法治》等综合课程也已经设立，并且单个学科课程内也设置了综合性学习模块。当然，义务教育学科课程之间的内容交叉现象仍然存在。

对学科课程整合，人们有不同的理解，即对学科课程整合的内涵及整合方式存在多样化理解。理解不同，课程整合实践也必然存在多元化路径或方式。有人把课程整合归结为如下几种：一是把课程整合看成为一种思维方式；二是把课程整合看成为课程内容的调整、组合，从而减少课程内容之间的重复交叉；三是把课程整合看成一种课程设计，将若干概念、事物、现象等学习内容或经验，组合成为一个有意义的整体课程；四是把课程整合看成一种课程形态，将不同的学科领域，按可能的相同特质合并成统整性的课程形态。[①] 美国学者雅克布斯把课程整合划分为六种不同的设计策略：①学科本位的设计，即在学科框架之内实现课程内容的整合；②平行设计，即将两门相关的学科的某些主题安排在同一时间教学，而把建立两门平行学科之间关联的责任交给学生；③多学科设计，即围绕一个共同的主题将多个相关学科整合在一个正式的单元或学程里；④跨学科设计，即将学校课程中的所有学科有意识地统合在一起，形成常规的大单元或学程；⑤"统整日"设计，即完全从学生生活世界或好奇心出发而开展活动；⑥现场教学，这是跨学科设计的一种极端方式，以学生所在的学校环境及日常的生活为内容展开学习，是一种完全的整合设计。[②]

大体上说，现代课程整合的理论与实践存在两条路线[③]：一条路线强调要根据系列主题及其问题解决，而不是根据学科知识进行课程整合。这个观点确有道理，因为根据学科知识确实不好判断知识的综合性标准，而系列主题可以根据社会发展来确定，进而围绕主题推进知识的综合性学习或解决问题，但在知识的系统性掌握上必定存在一定的缺陷。另一条路线强调对学科课程间的关联性内容进行整合，促进学生对世界的整体性认

---

① 张凤莲，李桢. 基于统整理念的学校课程构建 [J]. 教育科学，2019 (1).
② 徐玉珍. 从学校的层面上看课程整合 [J]. 课程·教材·教法，2002 (4).
③ 王飞. 改革开放以来我国多学科课程整合模式的变迁：反思与启示 [J]. 现代基础教育研究，2019 (6).

知，或者加强学生对事物的多学科认知。但学科课程间总是存在多种广泛关联，而关联性内容也不好判断，仍然存在人为的标准。尽管如此，多学科学习确实可以提升观察世界的多维方式或视野，提升对世界的整体性理解和建构。

这些理解或理论对于实践推进课程整合确实具有指导意义。但从严格意义上讲，学科课程整合主要包括两种方式：一是针对学科课程间可能存在的内容重复现象，进行课程内容的组合，这个甚至也称不上是课程整合；二是基于综合性学习的需要，以主题的形式对学科课程内容进行重新调整、组合，比如全科教学等。至于其他的几种形式，很难说是课程整合，或者说完全可以其他概念或形式命名之。课程整合通常需要预先的知识组合的考虑和设计，实践中难以预测的或难以固定安排的知识综合性应用方式，就不宜称之为课程整合。某一学科教学中涉及其他学科知识的应用问题，比如语文学科中的相关内容涉及科学知识的问题，艺术教学中涉及数学问题或文学问题，难以说是严格意义上的课程整合，因为具体教学不可能是拼盘式的知识教学，必定在教学内容上有所突出和强调，很难做到并列关系式的课程整合。当前的项目式学习课程、STEM课程、全科教学课程，都表现为某种拼凑式的知识综合。也就是说，课程综合并没有什么科学的依据，也没有真正体现出综合性知识应用以解决实践问题的内涵或本意。实践中经常遇到类似的知识综合运用现象，比如美术中的剪纸与经典著作相结合的教学、数学图形概念与剪纸的教学结合，实际上存在着明显的教学艺术性，难以预先进行科学的或确定性的课程整合设计。从理论和实践看，依据何种标准或依据对学科课程进行整合以及整合到何种程度，都是不好确定的，或者说，很难找到某种确切的标准或依据。分科课程自然有它的道理，至少它有科学的知识体系作为依据。更重要的是，世界是综合的复杂的知识体系，但是我们并不能完整地展示综合性的知识体系。因此，只能以分科作为认知世界的依据。以问题为中心的跨学科探究学习，同样会涉及多学科知识的综合性运用问题，但也很难称之为课程整合。探究性学习虽涉及多学科知识综合运用问题，但必定是以问题探究和解决为根本目的，而不是为了跨学科而跨学科，很难说可以进行事先的学科课程整合，只是在实践中产生整合课程而已。当然，诸如STEM教育课程、项目式学习课程，可以根据任务主题或项目，进行相关学科间的课程整合，目的是突出强调综合性知识学习。总之，加强课程整合，推进知识的综合性学习和应用，目的是为了弥补分科课程在认识世界上的缺陷。意图是好的，关键在于如何进行课程整合。

学科课程内容的重复或交叉尽管在一定程度上存在，比如综合实践课、思想政治课、劳动教育课、职业技能课、生涯规划课程之间都存在内容上的重复，它们之间与其说需要课程整合，不如说需要学科课程之间的协调。真正需要整合的是主题式的跨学科知识的综合性应用所可能涉及的课程整合，比如全科教学所涉及的课程整合。但全科式的学科整合具有较大的技术难度，而且也不是没有问题，比如存在对特定内容的杂乱式学科知识的堆积；特别是在小学阶段的全科教学，学科知识的关联性体现得并不充分。比如围绕特定主题所进行的语文学科、科学学科与英语学科间的整合，未必总能找到科学的关联性知识。但全科教学反而比较适合小学低年段，因为小学段的单个学科并没有表现出显著的知识体系化，而诸如高中的学科知识则具有显著的知识体系化，难以实施全科式教学，或者说，全科式教学可能有损于学科知识的完整性表达。对国家课程创造性实施来说，最值得推进的课程整合是探究性学习所涉及的课程整合。

在学科课程或分科课程的前提下，未来的课程整合应当在两个方面大力加强：一是在学科课程之外加强以主题为中心的活动形态和以问题为中心的探究形态的课程建设，这两种形态课程或以活动或以问题为中心，具有知识系统的内在紧密联结性和跨学科性，可以促进综合素养的培养和学生心智的完整；二是基于学科课程加强以学科内容为基础的跨学科学习。这种跨学科学习的特点并非完全以问题探究的形态表现出来，而可能以多学科的认识达到对某一知识内容的多维度理解，拓展对事物理解的宽度和深度。第一个方面可以通过资源整合的方式开发课程，目前的探索尚不够普及和深入，亟待典型经验的积累；第二个方面对学科教师的多学科知识或技能有较高的要求。

二、学科教学方式改革探索[①]

新课程改革倡导的"自主、合作、探究"教学模式，已成为广大中小学校教学改革的主流方向，虽然对改变传统课堂具有积极的指导意义，但由于其本身具有的泛泛性意义，代替或者可能遮蔽了学科教学改革应有

---

① 本部分内容是在笔者《国家课程校本化实施：整体依据与方向》（《教育学术月刊》2018年第9期）的基础上修订而成，此处有调整。

的丰富、生动的创造，事实上也无法完全在学科教学中找到具体的、情境性的生根点，进而难以引导和推动学科课堂教学改革的具体生动的创造。"自主、合作、探究"教学模式似乎与传统教学模式存在完全的决裂。事实上，传统教学模式，即便是讲授式教学模式仍然存在巨大的改革或优化空间，其要改革的是知识灌输式教学，而不是全盘否定传统教学模式。

探究性学习，是一种以问题为中心的、综合应用知识解决实际问题的学习方式，有别于以往的知识传授式学习，是未来课程与教学改革的主流方向。但是，在中高考命题改革未能取得突破性进展前，或者说在强调综合性、应用性和开放性的考试命题改革的进程中，关键能力的考查将会占据越来越大的比例，知识性考查逐渐减少，探究性学习或项目式学习等方式会逐渐成为主流，但未必是唯一的学习方式。也就是说，即便是在现行考试命题背景下，学科教学改革仍然具有自己的空间。加强知识的综合性理解，推进知识的深度学习，都有待深化改革和探索。而且，不同学科具有不同的教学方式，同一学科不同教学内容也具有不同的教学方式，同一的教学内容也因为学生身心发展特点差异而需要不同的教学方式方法。

语文课程具有工具性和人文性特点。语文教学强调对文本的阅读、语言的准确运用及表达、思维及文化审美，既需要突出对语言技能的学习，包括阅读、表达或交流的能力培养；又要体现人文性，透过语言符号去理解历史的或身在其中的世界，获得文化的理解，体验审美性。世界是物的或客观的世界，也是语言的世界，或者说是通过语言建构起来的世界。世界的存在或意义，也可能就如哲学家们所说的，是语言的意义或者依赖于语言的分析。人类的共在，只有在语言交流中才能获得共识性意义，当然也能同时更好地认识和建构起自我。人类借助语文的工具性，通过对文字所表达的意义的理解及其准确运用，实现语言交流和表达——表达意图和交流思想，表达对世界的领悟或情感，表达人文的思想或审美性情感，从这个意义上说，语文的工具性也是人文性。语言从表面看是一种文字符号。因此，语言总是具有抽象性、去时空性和去场景性，为此语文教学应当把语言还原为具体的、情境的和特定时空的再现，如此才能走向情境与意义的通达，这一点应当成为语文教学的主线。如此，语文教学方式就可以采取各种形式、手段或技术促进学生更好地解释和理解文本的意义，进而尽可能接近事物的本来面目。比如，诵读、角色扮演、基于信息技术的可视化情景模拟再现、分享和研讨等方式方法，都是试图通过场景再现促进学生更好地走进文本、人物或故事的真实世界。以小学语文《蝙蝠与雷达》教学为例，如果未能采取科学演示或科学体验式的教学活动，如果没有对超声波知识的基本了解，学生对语言的理解可能只是停留在概念和文字表面上。多学科认知对语言符号的意义理解是有益的。因此，围绕某个主题或特定内容，进行多学科的理解或跨学科的认知，目的在于促进学生更好地加强对世界的整体性认知，同时也在于促进对学科特定内容的深度认知。

　　历史学科也属于人文学科，但历史学科不同于语文学科对人的情感与审美的表达，历史通过既往时空中的人与事的记录，展示特定时空中的政治与社会模式、经济模式与生产力发展、思想与精神文明等。历史学科知识的根本特点在于，历史事件、历史人物、历史活动等要素都属于过去时，并且发生于特定的空间，因此历史具有时空性。如何还原历史时空下的特定社会场景、思想背景与精神结构，促进个体更好地走进历史世界，通达历史世界，进而更好理解和解释历史世界，是历史学科教学的本质所在。为此，历史教学可以采取场景模拟再现、情境设置、观点辨析、史料考据等教学方法，更好地还原历史事实、接近历史事实，促进个体视界与历史视界的交融与共通。同时，任何历史事件都是必然性和偶然性的统一，都是特定历史时空中的政治、经济、社会、文化或思想、地理、气候等各种条件的综合性作用的产物。因此，历史教学应当广泛采取材料分析教学法，注重跨学科知识的运用，从历史材料中分析历史事件产生的各种因素，培养学生综合分析问题和解释问题的能力。

　　英语课程同样具有工具性和人文性特点。义务教育阶段的英语课程强调听、说、读、写基本语言技能的培养，培养学生的语言交流能力、思维能力与跨文化交流能力；普通高中英语课程标准强调语言能力、文化理解、思维品质和学习能力的综合培养。这些学科核心素养的强调都体现了英语课程的工具性和人文性特点。但仅仅从这两点进行考察，还难以区分中、英文课程的特点差异。从教学上看，中文教学与英语教学就有重大差别，即英语教学是一种不同于母语的语言教学，要在有限的时间内习得听、说、读、写基本语言技能，必须研究有限课时内的语言习得规律，特别是要加强运用脑认知科学建立科学的英语学习方式。其中不乏语言习得规律的研究与理论，比如认为语言要重视情感和语义以及文化的建构。乔姆斯基的语言学理论认为，语言习得是在人的大脑语言机制的基础上，经过经验触发获得的生成语法的能力。但最重要的还是营造语言学习的环境，比如探索英语交流式学习方式，或运用信息技术提供英语语言应用的情境。任何语言的使用都具有情境，即场景性的生活情境或语境，包括特定时空中的人、物、事以及情感等构成的情景，使抽象的语言符号获得真实的内涵和生活意义，显然，语境是语言学习的最佳土壤。同时，培养跨文化理解能力，就需要走进域外文化的生活世界，阅读能够表达域外文明的经典著作、文化作品，因此可以采取英语戏剧表演、英语原声电影学习、英语原著学习等教学方式，引导学生在生活情境中读懂域外文明，同时也引导学生在原著中习得语言。

数学是研究数量关系和空间形式的科学，是一门抽象的形式科学，核心关涉关系"模型"。[①] 数学模型涉及两个方面的问题：一个是从实践问题中抽象出数学模型，增强对现实生活的数学理解；另一个是应用数学模型解决现实问题。数学学科虽然也强调运用数学知识或数学模型解决实践问题，但数学不同于人文知识，虽然也涉及美学，但最基本的还是形式的抽象，强调逻辑运算、推理与论证。数学逻辑的运算或算法、推理与论证乃至想象，可以独立自成体系和逻辑，构成数学学科发展的重要内容。从这个意义上说，中小学数学教学存在着符号化数学教学和生活情境化数学教学两类方式。符号化数学教学，可以训练学生严谨的形式逻辑思维能力，根据脑科学研究，包括数字加工、计算、符号加工推理等可以显著激活大脑顶叶区域，这表明长期以来的符号化数学教学有它的科学依据。但也有人认为，数学并非如通常所相信的是关于数字、规则、程序的学科，而更是运用数学模型解决实践问题的学科，[②] 即构建问题和解决问题才是数学生活的本质。这个说法是否正确值得怀疑，但至少可以相信，数学教学应当重视实际问题的数学解决。在这一点上，脑科学研究也表明，情境化数学或生活化数学，通过情境的设置或生活问题解决以及相应的语言理解，可以更多地刺激大脑的额叶、颞叶。[③] 这两种方式的结合可以更好地多方位激活大脑，且在实践中已经有了不少应用。因而至少在小学数学教学中应深入探索应用符号化数学与情境化数学及两者结合等教学方式。中学数学教学除了坚持符号化教学外，还可以尝试以数学为基础的跨学科学习，或者加强以实际问题为基础的数学应用教学，比如项目式学习、"创客"教育、STEM 教育等，都是可以涵括数学教学的跨学科学习方式。数

---

① Boaler, Jo. Mathematical Mindset [M]. San Francisco：Jossey – Bass, 2016：23.
② Boaler, Jo. Mathematical Mindset [M]. San Francisco：Jossey – Bass, 2016：31.
③ 周新林. 脑科学为数学教育提供依据 [J]. 教育家，2018 (2).

学是一门基础学科，可以通过数学建模等方法解决自然科学中的诸问题，这种跨学科的学习可以更好地促进学生心智的全面发展。

物理、化学、生物等学科是培养学生逻辑思维、创新精神的重要学科。这些学科的知识是一种体现物质世界或自然世界的客观规律的符号性认知，其教学非常注重科学知识的系统性或结构化，这也是我们一贯的教学优势。同时这些学科也具有明显的实验性、探究性和实践应用的特点。从知识的来源看，自然科学知识主要来源于实验和探究，也来自生活、自然或生活问题的解决。同时，自然科学认知的目的既在于认识世界，也在于改造世界，需要通过实验、运用知识解决生活问题。因此，实验教学和以问题为中心的探究性学习成为这些学科教学的主要方向。同时，自然世界本身是综合的，关于自然世界的知识也同样是综合的。因此，自然科学教学必须倡导跨学科学习。跨学科学习可以训练学生综合性思维和对知识的系统性掌握，促进学生更综合地认识世界和自然，促进学生心智的完整发展。

政治学科教学基本上是社会科学知识的教学。社会科学既不同于人文学科也不同于自然科学，其特点在于应用概念和知识解释社会现象。它虽然具有客观性，但归根结底还是具有人文性和价值判断的主观性。因此，政治学科教学的基础在于概念理解与社会理论及其分析框架的学习，并通过社会科学思维训练促进学生更好地解释和理解社会现象，进而更好地认识人自身。由于它具有一定的抽象性和主观性，案例式教学、辩论式学习、研讨式学习都是很好的政治学科教学方式。通过案例的具体化，帮助学生学习领会宏观和普遍的社会理论；通过辩论式学习、研讨式学习，帮助学生深化和拓展对社会科学知识的理解。当然，社会生活毕竟是实践性的，因此加强学生对社会生活的参与，可以更好地促进学生的领会与体验。

道德教育更是实践性强的学科。相较于社会科学，道德明显具有非知识特点。除了必要的道德认知、价值判断以及道德情感教育外，中小学道德教学主要是一种实践的活动。因此，道德教育可以采取案例式教学、辩论式学习、价值澄清教学培养学生基本的道德认知，更主要的应当是体验式、活动式和实践性的教学。当然，在不同学段开展的体验式、活动式和实践性教学的内容和方法均有所区别。

艺术教学在新课程改革以来得到了加强，甚至成为很多学校的校本课程特色。我们在坚持艺术对于学生审美能力、审美情操和想象力培养的重要性之外，甚至也认识并逐渐强调艺术对于德育和思维能力培养的重要作用。但是，中小学的艺术教育还主要停留在艺术技能培养和审美能力培养上，在想象力和思维力培养上还没有形成很好的教学模式。比如有些中小学校开设的皮影校本课程，基本以表演性为主，而缺乏集制作、主题创作、跨界知识学习、表演性为一体的综合式教学，就技能培养技能，未能发挥好综合育人作用。艺术教学改革应当走向两个方向：一是以主题创作式教学，充分激活学生的想象力；二是推进跨界学习，促进学生心智的综合发展。

地理学科的知识涉及环境学、气象学、地球科学及经济学等学科，内容综合性强。不同模块的教学内容需要坚持不同的教学方式方法。涉及不同自然科学知识的内容教学总体上还是要坚持知识系统性教学，采取实验教学、以科学推理为主的知识逻辑训练、数字模拟、自然观察等方式方法，促进学生对自然规律的掌握。但是，地理学科的学习毕竟是用来解决区域发展的实际问题的。因此，应当更多地以区域发展为主题，运用多学科或跨学科知识，推进综合性学习。

综合实践课的活动方式包括考察探究、社会服务、设计制作、职业体验等，包括活动课程形态和探究课程形态。或者以主题为主开展活动，强调经验的学习和情感的体验；或者以问题为中心开展探究，强调问题发现和解决能力培养；或者以制作为主开展创意设计活动，强调动手和想象力的培养。这是对课堂教学的重要补充。当前的主要问题在于教学前具有过多的预设，缺乏生成性；活动的体裁来自生活和实践不够，活动形式常规化。同时，主题性活动内容较为单一，缺乏综合性。综合实践课教学着重要把握好其经验学习、情感体验、创意激发与问题探究几个特点，注重生活性、实践性和综合性，以及学生自主性和生成性的教学特点，以活动经验的典型性深化综合实践课教学。

当然，学科教学改革也要推进一般意义上的教学方式改革，比如采用启发式教学和研讨式教学等。其中最主要的是构建起基于生活的以问题为中心的探究性教学。这对绝大部分的学科教学来说都是必要的，甚至是核心的。人文学科是对历史的和现在的日常生活的意义、精神的揭示与表达，其教学方式必然需要生活的体验、参与、观察与思考，也可以有基于问题解决的探究式教学。当然，人文学科的问题探究教学不同于自然科学中的问题探究，前者的问题具有主观理解性，其目的也并非要获得某种确定无疑的结果，而是增强对世界意义的理解或解释。自然科学是关于自然和物质的科学规律的认识，以原理、系统知识以及实证研究方法作为表现，但自然科学的学习是为了更好地认识和把握物质世界的普遍规律，更好地理解世界和解决问题。其教学方式必然需要观察、实验、归纳、推理以及基于问题解决的科学探究。因此，以生活和问题为中心的教学不仅由学科的本质特性所需要，也是脑认知科学和激发学生学科兴趣的必然要求。生活是丰富的，而问题则具有多维知识性。因此，以生活和问题为中心的教学也必然是跨学科的教学。以上分别谈到了各学科教学改革深入推进所可能采取丰富各样的教学方式，但它们在总体上是由基于生活的教育和以问题为中心的跨学科教学延伸而来。它试图通过回归生活的时空和复杂场景以及感官的体验，通过以问题为中心的教学联结多学科知识、构建完整场景的学习活动，从而拓展深化丰富多样的教与学。实际上也是遵循国家课程创造性实施四种依据的逻辑必然。当然，基于四种依据的学科教学还会有更丰富的具体探索。

此外，如何利用信息技术改进教学方式也是学科教学改革的重要方向。当前的主要问题是，学科教学方式并没有产生根本性的变革，但信息技术得到了广泛的辅助性应用，而这些应用是否有益于儿童大脑发展或者是否对儿童认知发展构成负面影响还没有得到科学实证，至少要考虑信息技术的应用是否有助于学科教学目标的实现，或有助于推动学科教学模式改革的实现。学科教学改革中的信息技术应用应当得到科学的证明。这两者的结合需要考虑两个方面，一方面是从信息技术发展看教学，比如利用信息技术开发数字化教学探究实验课程；另一方面也是更重要的，是从学科教学改革自身需要看信息技术的可能应用，即首先确定学科教学究竟需要什么样的教学方式，再考虑信息技术是否可实现或达成这一方式。无论如何，信息技术的教学应用必须有利于学生核心素养发展，遵循脑认知科学、身心发展特点和激发学生的学科学习兴趣。

然而，如果过分强调或只专注一般意义上的教学方式改革，则不利于学科教学改革的具体推进，课程改革也无法走向深入。同时，也正是因为学科教学方式的具体性，学科教学方式改革的典型案例积累就显得尤为重要。学科教学方式改革的学校经验非常丰富，却缺乏案例式凝练和概念式概括，而以教学经验的混杂表述，必然无法引导学科教学方式改革的方向和深入推进。

三、学科课程建设方向性设想

学科课程的实施,并不是根据国家课程内容及课程标准进行照本宣科式的教学,而是需要根据教学方式变革进行相应的课程开发,包括内容的重组、拓展、深化以及特定的教学方式。所谓的课程开发,应当是围绕国家课程的实施来进行,其实主要是依据特定的方式,比如围绕内容主题或内容特点进行典型案例的开发,并对个案开发做出必要的说明,包括开发的理由、依据、方式等。在此基础上,对个案进行分析归纳,形成可能的共性的东西,或者说是类别化的模型。

学科课程开发,可以从三个方面着手:一是基于学科自身知识特点进行课程开发;二是基于学科核心素养进行课程开发;三是基于学科课程内容模块或主题进行相应的课程开发。其中,课程开发的主要方面表现为教学方式改革的典型模型以及典型教学案例。

此处主要讨论语文、数学、英语、历史、地理、物理、化学、生物、思想政治等学科课程开发问题,思想政治教育、艺术、体育等课程开发另行专章讨论。

(一) 语文学科课程建设探讨

1. 基于语文学科特点进行课程开发

依据语文学科特点,课程开发可以在如下几个方面进行:一是围绕教材内容进行教学重组,包括以主题形式或大单元教学方式进行内容重组。以诗词教学为例,诗词内容可能有增加,也可能没有增加,仍然是课本的诗词,根据特定教学方法,采用比较视野的诗词教学,对诗词内容进行了重组,就形成了新的诗词教学课程。二是对特定教学内容进行跨学科教学,实际上是拓展了课程内容,并通过积累跨学科教学的典型案例,形成跨学科教学的课程开发。三是推进情境教学课程开发,通过具体教学内容的情境构建的案例,形成系列化的情境教学特征的课程。比如通过吟诵或通过编曲演唱等手法,带领读者进入作品的情感,由此积累教学案例,形成多样化的情境教学课程。四是根据不同内容模块或是不同体裁的课文,比如按小说、散文、诗词、文言文、传记、寓言、新闻等类别差异,探索适合其内容特点的教学方式,开发不同类别的课程或典型教学案例。

2. 基于语文学科核心素养进行课程开发

义务教育阶段语文学科的重点在于引导学生丰富语文积累,培养语感,发展思维,培养生活需要的识字写字、阅读能力、写作能力、口语交际能力以及运用语言文字的能力。普通高中语文学科核心素养包括语言建构与运用、思维发展与提升、审美鉴赏与创造、文化传承与理解四个方面。从严格的意义上讲,学科核心素养指标是用来检测普遍性的学生学科学习水平或教师的教学水平的,并且应当贯穿于学科教学的所有环节和过程。比如说,一堂课或一个单元的教学,很难说只有思维发展与提升而没有语言建构与运用,或者说只有文化传承与理解而没有思维发展与提升。因此说,教学的整体很难具体区分性地指向学科的某一个核心素养指标。从高中语文学科核心素养指标来看,很难说能够围绕某一核心素养培养进行专门的课程开发。当然,如下两种情况就应当有所考虑:其一,某一核心素养培养存在问题,经学业水平检测,发现存在薄弱现象,比如学生的语文思维发展偏弱,这种情况下应当加强思维发展的课程开发和教学改革;其二,某些单元内容或文本内容,确实适合于或应当偏重于某一核心素养的培养。也可以说,学科核心素养培养不可能完全均衡地体现在教学的整体过程中,可以也应当有所偏重或强调。比如古诗词教学,应当着重于审美意象的体验与感知或想象,重视审美教育。比如某些小说的教学,重点可能在人性的审美教育方面。围绕古诗词或小说的教学,就可以开发出以审美教育为主旨的、以特定的教学方式为支撑的校本课程。当然,也未必就一定是以校本课程的形式来体现,更多的时候可能以教学案例来呈现更为妥适。比如,某几篇文本的教学,显著地突出学生逻辑思维的训练,并通过教学方式的创新,形成典型的教学案例。

3. 基于语文学科课程内容类别及任务群进行课程开发

义务教育语文课程标准从认字与写字、阅读、写作、口语交际四个方面提出要求。以人教版小学语文课程为例,课程内容包括识字、阅读、习作、口语交际等主题,阅读文本包括古诗词、记叙文、散文、寓言等,每个内容板块都可以进行课程开发。人教版初中语文课程内容包括阅读、写作、综合性学习或探究性学习、口语交际、名著导读等主题,课程模块更加突显语文教学改革的意图。课程开发可以围绕主题进行。但不同的主题又需要进一步细化分类进行开发,比如阅读主题其实是个大范围概念,既需要根据体裁差别,又需要根据文本特点差异进行具体案例的开发;名著导读同样是个大范围概念,不同名著导读的方式方法必然不同,需要根据名著内容特点差异进行个案开发,并依据个案教学内容特点差异、方式方法差异等,在个性中寻找某些共性的东西或类别化的模型。综合性学习或探究性学习,虽作为独立的模块呈现,以突出强调此类学习的重要性,但实际上,这种学习方式可以贯穿于所有的课程内容。

从普通高中语文学科来说,根据2017年版2020年修订的高中语文课程标准,围绕国家课程创造性实施的校本课程开发可以学习任务群为类型进行,即围绕必修、选择性必修、选修三个类别课程的19个学习任务群进行课程开发,也即围绕整本书阅读与研讨、当代文化参与、跨媒介阅读与交流、语言积累、梳理与探究、文学阅读与写作、思辨性阅读与表达、实用性阅读与交流、中华传统文化经典研习、中国革命传统作品研习、中国现当代作家作品研习、外国作家作品研习、科学与文化论著研习、汉字汉语专题研讨、中华传统文化专题研讨、中国革命传统作品专题研讨、中国现当代作家作品专题研讨、跨文化专题研讨、学术论著专题研讨等任务群进行课程开发。

(二) 数学学科课程建设探讨

1. 基于数学学科特点进行课程开发

数学学科特点鲜明,一般来说特别强调逻辑推理和关系建构,但不同学段间的差异甚大。依据符号数学和生活或情境数学的划分,数学教育的课程开发至少有两个大的类别区分。符号数学表现为抽象的计算、逻辑推理教学,在小学、初中和高中的教学内容上差别很大,应依据内容差异开发相应课程。比如,依据不同数学定理教学,或根据内容需要开展大单元教学,都可以开发成相应课程。生活或情境数学,在小学阶段可以引入生活问题或情境进行数学教学,高中阶段则要重视培养学生用数学解决实践问题的能力,培养学生对实践问题的数学建模能力,通过教学案例开发成相应的主题式课程。注重逻辑推理,加强数学原理教学,与基于实践生活问题的数学建模教学是相辅相成的。数学建模能力培养不仅有助于解决实际问题,也有助于深化对数学原理的认识。此外,还可以根据数学抽象、逻辑推理、数学建模、直观想象、数学运算和数据分析等高中数学学科核心素养进行相应的课程或教学案例开发。

2. 基于数学学科核心素养进行课程开发

根据教育部2011年印发的义务教育阶段数学课程标准,数学课程的重点在于发展学生的数感、符号意识、空间观念、几何直观、数据分析观念、运算能力、推理能力和模型思想。普通高中数学学科核心素养包括数学抽象、逻辑推理、数学建模、直观想象、数学运算、数据分析六个方面。数学抽象、逻辑推理、直观想象等核心素养实际上是贯穿于所有的数学教学过程，当然也可以教学案例的形式突出强调这些方面的核心素养培养，形成比如逻辑推理培养等方面的典型教学案例。而数学建模、数学运算、数据分析等素养则是数学应用能力培养的重要方面，应当有所深化或拓展，开发相应的课程，或打造若干典型教学案例。

3. 基于数学课程内容主题进行课程开发

义务教育阶段数学课程标准中，把数学课程内容概括为数与代数、图形与几何、概率与统计、综合与实践四个方面。其中，综合与实践模块强调运用数学知识解决实践问题。人教版的初中数学课程内容在通常的数学知识学习外，还重视数学的生活应用的学习，包括数学的实验与探究、数据统计、信息技术应用、数学阅读与思考、数学活动、数学文化等模块内容。这些内容模块实际上也是适应学科核心素养而作出调整的。但如何开展数学的实践应用教学，却需要更深入的探讨，比如，需要围绕数学的内容模块进行课程开发。

普通高中数学课程的主要内容以主题形式呈现，可以根据预备知识、函数、几何与代数、概率与统计、数学建模活动、数学探究活动、微积分、空间向量与代数、逻辑推理、数学模型、社会调查与数据分析、美与数学、音乐中的数学、美术中的数学、体育运动中的数学等学习主题进行课程开发或形成典型教学案例。其中，诸如函数、代数与几何、概率与统计、微积分、空间向量与代数、逻辑推理等知识性或定理性质的教学内容，比较适合以典型教学案例呈现，其他主题内容可以进行课程开发，当然也可以教学案例呈现。

（三）物理学科课程建设探讨

1. 基于物理学科特点进行课程开发

物理学作为自然科学领域的一门基础学科，强调观察与实验、物理模型建构、数学工具的运用，形成系统的研究方法和理论体系。既要加强物理学研究方法，也要加强物理知识理论体系的课程开发。一是要加强物理概念、物理原理教学的课程开发；二是要加强物理观察与实验的课程开发，特别是要注重日常生活中的物理现象与动手实验操作的课程开发；三是要加强基于实践问题的物理模型建构方面的课程开发；四是要加强以问题为中心的探究性学习、跨学科学习或 STEM 学习的课程开发；五是要加强数学、信息技术等工具在物理学中的运用等方面的课程开发。

2. 基于物理学科核心素养进行课程开发

义务教育阶段物理学科课程应注重科学知识的传授、学习兴趣、探究能力、创新意识及科学精神的培养。普通高中物理学科核心素养包括物理观念、科学思维、实验探究、科学态度与责任四个方面。其中，实验探究素养培养可以进行课程开发。而物理观念、科学思维、科学态度与责任等素养培养应当贯穿于教学全过程。特别是科学思维与科学精神的培养更应当加强，但更适合于以典型教学案例呈现。

3. 基于物理学科主题学习内容进行课程开发

初中物理课程内容以单节形式呈现，包括机械运动、声现象、物态变化、光现象、透镜及其应用、质量与密度、力、运动和力、压强、浮力、功和机械能、简单机械、内能、内能的利用、电流和电路、电压和电阻、欧姆定律、电功率、生活用电、电与磁、信息的传递、能源与可持续发展22章。初中物理课程开发应围绕物理常识与知识、基本物理原理以及物理实验或探究教学进行，重点是探索不同内容的教学方式变革，形成教学典型案例。

普通高中课程内容以主题形式呈现，可以围绕机械运动与物理模型、相互作用与运动定律、机械能及其守恒定律、曲线运动与万有引力定律、牛顿力学的局限性与相对论初步、静电场、电路及其应用、电磁场与电磁波初步、能源与可持续发展、动量与动量守恒定律、机械振动与机械波、光及其应用、磁场、电磁感应及其应用、电磁振荡与电磁波、传感器、固体、液体和气体、热力学定律、原子与原子核、波粒二象性、物理学与人类认识、物理学与社会变革、物理学与公民生活、物理学与医疗技术、物理学与新能源、物理学与新材料、物理学与信息技术、微观世界、高速世界、宇宙世界、世界的统一性等主题内容进行课程开发，主要是进行教学方式变革的探索。

（四）化学学科课程开发探讨

1. 基于化学学科特点进行课程开发

化学是从微观层面认识物质，以符号形式描述物质，在不同层面创造物质的一门基础学科。化学课程开发，一是要重视基本化学概念与化学原理教学的课程开发；二是要重视化学实验课程开发，特别是要结合日常生活中的化学现象设计实验；三是要加强证据推理与模型认知课程建设，培养学生建立认知模型解释化学现象的能力；四是要加强以问题为中心的化学探究性学习课程开发，特别是要加强基于真实化学问题，比如现实存在的环境污染现状，开展化学探究性学习的课程开发。

2. 基于化学学科核心素养进行课程开发

义务教育阶段化学课程应在教授基本化学知识和技能的基础上，培养学生探究能力，运用化学知识解决问题的能力，引导学生正确认识化学与环境、化学与资源、化学与人类健康的关系。普通高中化学学科核心素养包括宏观辨识与微观探析、变化观念与平衡思想、证据推理与模型认知、实验探究与创新意识、科学精神与社会责任五个方面。其中，证据推理与模型认知、实验探究与创新意识，可以也应当加强课程开发。诸如变化观念与平衡思想、科学精神与社会责任等很难开发成校本课程，但可以教学案例形式呈现。

3. 基于化学课程内容模块与主题学习进行课程开发

初中化学课程内容以单元形式呈现，包括走进化学世界、我们周围的空气、物质构成的奥秘、自然界的水、化学方程式、碳和碳的氧化物、燃料及其利用、金属和金属材料、溶液、酸和碱、盐与化肥、化学与生活12个单元。除了基本的化学知识外，也突出强调化学实验与探究活动。初中化学课程开发，重点是探索以化学实验与探究为主的教学方式改革，并形成教学案例。

高中化学课程内容以主题性的模块呈现，可以围绕化学科学与实验探究、常见的无机物及其应用、物质结构基础与化学反应规律、简单的有机化合物及其应用、化学与社会发展等主题以及化学反应原理、物质结构与性质、有机化学基础、实验化学、化学与社会、发展中的化学科学等模块进行课程开发，主要是围绕国家课程的校本化实施，探索教学方式改革的典型案例。

（五）生物学科课程开发探讨

1. 基于生物学科特点进行课程开发

生物学是研究生命现象与生命活动规律的科学，也是自然科学中的一门基础学科。除了要加强生物学概念与原理教学、生物实验操作教学、利用生物学知识解决现实生活问题的探究性学习等领域的课程开发外，还要加强大概念教学的课程开发。

2. 基于生物学科核心素养进行课程开发

普通高中生物学科核心素养包括生命观念、理性思维、科学探究、社会责任四个方面。与物理、化学学科一样，生物科学探究可以进行课程开发，生命观念等素养比较难以开发成具有显著性特点的校本课程。

3. 基于生物学科课程内容模块进行课程开发

初中生物课程内容以单元呈现,包括生物和生物圈、生物体的结构层次、生物圈中的绿色植物、生物圈中的人、生物圈中的其他生物、生物多样性及其保护、生物圈中生命的延续与发展、健康地生活八个单元。不同单元的教学内容及其教学方式是不同的。因此,需要根据不同模块内容的教学方式需要,探索教学方式变革的经典教学案例。

普通高中生物学科课程内容以主题形式呈现。应围绕课程内容,即分子与细胞、遗传与进化、稳态与调节、生物与环境、生物技术与工程、现实生活应用、职业规划前瞻、学业发展基础等模块进行课程开发,或探索教学方式变革的教学案例。

(六) 地理学科课程开发探讨

1. 基于地理学科特点进行课程开发

地理是一门综合性学科,具有区域性、综合性、思想性、生活性和实践性特点。因而,基于地理学科特点的课程开发,一是需要根据其不同的模块内容,进行专门的课程开发,比如围绕环境保护开发相应的实验教学课程;二是加强综合性学习,构建从地理位置、地形、气候、水文、植被、矿产等多方面认识自然地理要素的整体认知学习,加强地理环境、人口、经济、社会、政治等跨学科学习的课程开发;三是加强区域地理的比较学习,围绕不同区域的地理及其经济、社会等方面的发展差异比较,加强区域地理认知课程开发;四是加强以区域规划设计为主题的课程开发,培养学生综合运用地形、地势、气候、水文等方面知识进行区域经济与社会发展规划设计能力;五是注重以现代地理信息技术应用和社会调查等方法解释地理事物和现象以及解决现实问题的课程开发,培养地理实践能力;六是加强研学旅行课程开发,着重围绕研学旅行素养培养要求,比如围绕地理考察、综合性知识学习、探究性学习等进行相应的主题式课程开发。

2. 基于地理学科核心素养进行课程开发

义务教育阶段地理课程应增进学生对地理环境的理解力和适应能力,培养学生应对人口、资源、环境与发展问题的能力。普通高中地理学科核心素养包括人地协调观、综合思维、区域认知、地理实践力四个方面。应该说,四个方面的素养培养都应当贯穿于教学全过程,同时也都可以进行课程开发或形成若干典型教学案例。

3. 基于地理学科内容模块进行课程开发

高中地理课程的设置考虑到学科核心素养培养要求与地理综合性内容的领域划分，具有模块化特点，因此可以围绕地球科学基础、自然地理实践、自然环境与人类活动的关系、人口和城镇与乡村、产业区位选择、环境与发展等必修课程内容，地球运动、自然环境中的物质运动与能量交换、自然环境的整体性和差异性、区域的概念和类型、区域发展、区域协调、自然资源开发利用、环境保护、资源和环境对国家安全的重要意义等选择性必修课程，以及天文学基础、海洋地理、自然灾害与防治、环境保护、旅游地理、城乡规划、政治地理、地理信息技术应用、地理野外实习等选修课程类别进行相应的课程开发。其中，选修课程实际上是对必修和选择性必修课程的深化和拓展，三个类别的课程设计整体上考虑到地理学科核心素养培养要求，注重和强调地理学科的生活性，强调综合性知识学习和应用、强调研究性学习以及跨学科的学习。

初中地理课程设置主要包括地球的自然地形、气候、人口特征以及世界区域地理、中国区域地理等几个方面。从课程内容设置看，初中地理突出区域地理的基本特征的认识，高中地理则突出主题性和综合性特点。因此，初中地理课程开发应重点围绕区域认知，探索教学方式变革。也就是说，对初中地理而言，重点是围绕国家课程实施，探索典型教学案例。

（七）英语学科课程开发探讨

1. 基于英语学科特点进行课程开发

英语是一门学习与运用英语语言的课程。国家课程标准把英语的育人功能概括为发展学生的语言能力、文化意识、思维品质、学习能力等，但由于学习的课时安排总是有限，因而其主要的功能还是促进学生掌握语言技能。当然，通过主题语境、语篇类型、语言知识、文化知识、语言技能和学习策略六个要素编排，间接达到英语课程的总体育人功能。英语教学的课程开发主要在于对国家课程的深化和拓展，比如围绕句型教学进行课程开发，围绕主题语境开展交际式活动教学，以及充分利用信息技术增强英语学习的情境性和感知性，加强信息技术与英语学科教学融合的课程开发。此外，还可以探索开发英语戏剧教学课程、英语经典原著的课程开发。

2. 基于英语学科核心素养进行课程开发

普通高中英语学科核心素养包括语言能力、文化品格、思维品质、学习能力四个方面。其中，文化品格素养可以围绕国家课程有所深化或拓展，开发成校本课程。而语言能力、思维品质、学习能力等素养培养都应当贯穿于教学全过程。

3. 基于英语学科课程内容模块进行课程开发

普通高中英语课程内容包括主题语境、语篇类型、语言知识、文化知识、语言技能和学习策略六个要素。重点可根据主题语境和语篇类型进行课程开发。比如根据记叙文、说明文、议论文、应用文、访谈、对话等不同文体形式进行课程开发。而初中英语则没有按主题划分，总体看是以生活英语为主旋律编写，可以重点围绕英语句型教学进行课程开发。更具可能性的是，探索英语教学方式改革，形成经典教学案例。

（八）**历史学科课程开发探讨**

1. 基于历史学科特点进行课程开发

历史学是在一定历史观指导下叙述和阐释人类发展进程及其规律的学科。历史教学需要通过史料实证办法，透过时空获得特定时空下的历史解释。历史学科在国家课程的创造性实施上存在比较大的空间。一是可以采用史料实证和信息技术等手段，增强历史情境的感知性，加强历史情境教学课程开发；二是围绕主题历史事件或大概念，推进历史与政治、思想文化、经济、社会等学科的跨学科学习，增强历史时空的综合解释能力，建构历史事件、历史人物、历史现象与特定时空的关联框架，加强主题课程开发；三是要加强历史文化、历史思想和历史政治哲学的专题类课程开发；四是探索适当开展历史戏剧编排的课程开发。

2. 基于历史学科核心素养进行课程开发

普通高中历史学科核心素养包括时空观念、史料实证、历史理解、历史解释、历史价值观五个方面。这五个方面的素养培养，既需要贯穿教学全过程，也需要围绕国家课程进行校本课程开发或打造若干典型教学案例。

3. 基于历史学科课程内容进行课程开发

初中历史和高中历史在课程安排上存在较大的差异。从初中历史看，课程内容按时代顺序编写，突出历史时代的特点，即主要表现历史时代的重大事件或人物、国家与社会模式、文化与社会生活、思想与文明。为此，可以围绕历史时代主题特点进行课程开发，或探索教学方式改革，形成经典教学案例，比如，重大历史事件的教学案例、历史人物教学案例、历史国家模式及其文化与思想的教学案例等。但要关注四类课程开发，即单个时代的综合性分析，以展现历史时代的全景或特点；单个主题的跨历史时代分析，比如国家与社会模式的历史演进分析、思想与文化的演进分析；综合性文明的跨历史时代分析，以大概念形式分析人类文明的历史演进；中外历史文明的比较分析，既可以包括综合性或主要特点式的比较分析，也可以包括单个主题或同时代的比较分析。

高中历史课程内容安排着眼于历史大概念或历史生活主要领域，具有宏观分析视野。可以围绕普通高中课程内容中的中外历史纲要必修课程，国家制度与社会治理、经济与社会生活、文化交流与传播等选择性必修课程，以及史学入门、史料研读等选修课程进行课程开发。其中，围绕必修课程和选择性必修课程，可以围绕大概念或主题活动探究进行课程开发。

（九）思想政治学科课程开发探讨

1. 基于思想政治学科特点的课程开发

小学《道德与法治》课程以儿童与自我、儿童与自然、儿童与社会为内容编排主线，着眼于儿童生活世界的整体构建，具有生活性、活动性、综合性和开放性特点，着眼于培养儿童基本的健康安全的生活观、积极有爱心的生活观、基本的道德价值观和良好行为习惯、基本的生活能力和动手能力。因此，应当加强生活课程和活动课程的开发。初中《道德与法治》与高中《思想政治课》在内容编排上存在较大的差异，但都体现为政治认同的教育、运用马克思主义理论解释和分析社会问题的教育以及政治实践或体验教育，大体上应关注如下几类课程开发：一是政治理论或道德观念的逻辑构建与观念辨析课程开发，包括马克思主义基本原理与习近平新时代中国特色社会主义思想的理论与实践逻辑的课程开发；二是以运用马克思主义观点分析和解释社会现象为主题的、案例式教学或研讨式学习的课程开发；三是以社会实践能力培养为主的活动型课程开发。

2. 基于思想政治学科核心素养培养的课程开发

普通高中思想政治学科核心素养包括政治认同、科学精神、法治意识、公共参与四个方面。这四个方面的素养培养都可以进行课程开发，或学科教学典型案例开发。

3. 基于思想政治学科内容模块的课程开发

小学《道德与法治》课程内容以单元形式呈现，包括生活教育、生命成长教育、基本道德观与价值观教育，可以大概念的方式围绕上述模块进行独立的课程开发。整体上以活动课开发为主，但不同内容模块的具体教学方式方法都存在差异，可以进行典型的教学案例开发。初中《道德与法治》课程内容以单元形式呈现，包括成长教育、生命教育、公民教育、法治教育、国家制度教育、世界观教育等。这些模块都可以结合教学方式改革需要，探索相应的课程开发或典型教学案例开发。比如，探索以活动为主的生命教育、公民教育课程开发，探索以研讨式教学为主的政治制度教育课程开发，探索以案例式教学为主的法治教育课程开发。

高中思想政治课程内容以主题形式呈现，包括中国特色社会主义、经济与社会、政治与法治、哲学与文化等必修类课程，当代国际政治与经济、法律与生活、逻辑与思维等选择性必修类课程，以及财经与生活、法官与律师、历史上的哲学家等选修课程。其中，选修课程是一种拓展和深化的学习，可以进行校本课程开发；必修和选择性必修课程应重点探索以教学方式改革为主的典型教学案例。

四、结语

国家课程创造性实施是课程改革深入推进的重点，当前需要回答和解决往何处走、如何走的问题。首先需要为国家课程创造性实施奠定整体依据，即遵循核心素养发展、脑认知科学、学生身心发展特点以及学生学科学习兴趣和自信的激发。基于此，国家课程创造性实施需要把握三种走向，一是加强课程形态的建设，二是推进学科课程统整，三是推进学科教学具体而丰富的实施。这四种依据在教育教学上的集中落脚点就在于构建以生活和问题为中心的教育模式和课程模式，而国家课程创造性实施的三种走向，则是遵循四种依据并以生活和问题为中心的教育模式的必然选择。当然，进一步推进国家课程创造性实施有待于我们对核心素养特性、学生身心发展特点、学生学科学习兴趣激发的深入认识以及脑科学的进步。因此，课程形态建设、学科统整以及学科教学的具体深入推进，既需要对四种依据有更深入的把握，也需要有更深入的实践探索。无论如何，当前的课程改革必须走出"自主、合作、探究"普泛性模式，走向课程形态变革、学科课程整合和学科教学方式变革的具体推进。

其中最为关键的是深入推进学科课程开发和教学改革。可以从三个方面入手：一是基于学科特点进行课程或教学案例开发；二是基于学科核心素养培养进行课程或教学案例开发；三是基于课程模块内容特点进行相应的课程或教学案例开发。围绕国家课程创造性实施的校本课程开发，主要是对国家课程内容的拓展、深化并进行相应的教学方式改革。当然，对学科课程的实施，并不必然要通过校本课程开发来实现，更多的时候适合以典型学科教学案例来呈现。

  高中学科教学改革的重点，一方面是要积极探索各个学科课程内容的整合，按照课程内容的重新修订及学科标准要求，根据高考命题改革关于关键能力考查的转向以及综合性、应用性和开放性命题的要求，深入推进综合性学习、研究性学习、项目式学习等新的学习方式。这是适应新高考改革，突破应试教育的课程开发与教学改革的新空间。另一方面，需要在现行高考命题背景下探索具有自身特点的、与模块内容特点相匹配的或关注核心素养培养的学科教学方式改革，以推进知识的深度学习或实践学习，尽管尚不能从根本上突破应试教育走向理想的教学模式，但仍然存在教学改革的巨大空间，并在相当大的程度上减少"机械刷题"现象，进而在一定程度上回归教育教学的本质，至少改变了现有的知识教学模式或探索到一条新的知识教学模式。

第四章 思想政治理论教育及其课程建设

思想政治理论课,包括义务教育阶段的《道德与法治》和高中阶段的政治课。从学科角度看,这些课程具有系统的知识体系和理论逻辑体系。思想政治理论课作为立德树人的关键课程,目的是培养学生坚定的理想信念、增强对中国特色社会主义的"四个自信"、厚植爱国主义情怀、培育和践行社会主义核心价值以及加强道德修养。显然,学校要实现思想政治教育的育人目标,不能仅仅依靠思想政治学科,而是必须进行整体的教育统筹。这里主要围绕社会主义核心价值观教育、理想信念教育、道德教育及心理健康教育,讨论它们的基本特点及其整体的课程建设。而之所以把心理健康教育放在这里进行讨论,是因为心理健康构成了人的思想与道德发展的重要心理机制或基础。

一、核心价值观的意识构造及其教育

如何加强和深化社会主义核心价值观教育,中小学校对此进行了不少的理论探讨和实践探索,重点是围绕课堂教学方式方法、社会实践教育、校园文化建设以及网络媒体监管和教育等方面探讨对策与路径,其中最值得探讨的仍然是教学方式方法。尽管我们也提出了不少的教学方式方法,诸如认知教育、渗透式教育、活动式教育、实践性教育等,但从实践看,效果仍然有待改进。原因在于我们并未有效地细分并把握社会主义核心价值观的意识构造特点,只是笼统地推进核心价值观教育,而非有针对性地采用相应的教育方式方法。

(一)意向性意识行为的意识对象构造

开展价值观教育,必须把握价值观作为意识现象在个体那里的意识行为构造及意义的生成。主体性对意识对象的构造,既包括心理主义的或经验的意识构造,也包括胡塞尔现象学所追求的客观性意识内容的构造。胡塞尔认为,主体意识能够完成客观性意识对象的构造,与纯粹意识的内在的知觉和超验的知觉这两种感知样态有关。① 正是不同于意识的内在存在方式的超验知觉或意向性的存在,意识才能超越在场,形成对世界的意向性构成。

1. 不同意识行为的意向性构造

"意向性"是胡塞尔现象学的核心概念。在他看来,所有意识行为都是意向性的,且在感知、表象、意指中构造出客观性的意识内容或意义世界。② 但问题是,不同的意向性或意识行为在意识客观性对象的构造上是否具有同等的性质,或者说,意向性在构造对象上是否存在功能的差异?对此,胡塞尔和舍勒在意识究竟是构造对象还是仅仅指向对象这一点上存在认识分歧。胡塞尔把意识行为划分为两类,一类为客体化行为,即可经由直观和判断,构造客观性意识内容;另一类为非客体化行为,或宽泛意义上的意向行为,即情感行为与意愿行为,含有对象却不能构造对象,因而不能算是独立的意识行为或称为非意向性行为。③ 按照这种划分,情感和意愿行为并不能独立构造意识对象,需要以直观和判断的客体化行为或认知为基础,辅助认知行为构造对象。这与胡塞尔现象学还原要悬隔每一种关于对象性的存在兴趣、每一种价值的兴趣和实践的兴趣,④ 与达到纯粹意识的客观性构造相关。而舍勒则认为,感受行为也有自己的意向相关项并构造对象,但它并不是"借助于客体化的直观行为而被构造出来的实在对象和概念对象,而是各种不同的价值"⑤。也就是说,舍勒实际上是改变了胡塞尔的意向奠基问题,从感受行为而非认知行为讨论意向性问题,包括非感受行为与感受行为、非意向感受行为与意向感受行为、各意向感受行为之间的可能奠基关系问题,⑥ 即从价值层面讨论意识感受行为之间的可能奠基关系。舍勒把情感和意愿行为进一步划分为客体化行为和非客体化行为:情感和意愿行为如果构造了概念对象或价值的概念认知,就属于客体化行为;而在价值概念认知基础上的情感和意愿行为仍属于非

---

① [德] 胡塞尔. 纯粹现象学通论 [M]. 北京:商务印书馆,1992:109.
② [德] 胡塞尔. 内时间意识现象学 [M]. 北京:商务印书馆,2009:389.
③ 倪梁康. 心的秩序——一种现象学心学研究的可能性 [M]. 南京:江苏人民出版社,2010:25.
④ [德] 胡塞尔. 第一哲学(下卷)[M]. 北京:商务印书馆,2006:231.
⑤ 倪梁康. 心的秩序——一种现象学心学研究的可能性 [M]. 南京:江苏人民出版社,2010:34.
⑥ 倪梁康. 心的秩序——一种现象学心学研究的可能性 [M]. 南京:江苏人民出版社,2010:37.

客体化行为。

意识行为之间的构成与被构成关系或奠基关系,是现象学讨论的主题。胡塞尔和舍勒对意识行为间奠基关系的讨论,对于我们认识核心价值观的意识构建非常关键。其一,不同价值观究竟是何种意向性意识行为居于关键,是需要考察和分析的。显然,直观、想象、判断或情感和意愿行为在价值观构建中发挥着不同的作用,一些价值观的意识构建更强调直观和判断,而另一些则可能更强调情感和意愿行为。其二,一种价值观如果成为情感和意愿的感受对象,或情感和意愿构成了某种价值观的感受行为,则价值观的认同就获得了根本性的动力。尽管一些价值观的意识构建主要奠基于直观和判断的认知,但情感和意愿的感受行为也可以独立构成某些价值观意识构建的重要力量,比如一个人对国家发展缺乏必要的直观认知,但并不妨碍他萌生的国家强大的强烈愿望。当然,情感和意愿也可以辅助认知行为更深入地构建价值对象。

2. 意识行为的视域构造

探寻纯粹意识的客观性内容,并没有回答意识的产生问题,这是胡塞尔发生现象学所探索的主题。事实上,意向性意识行为的奠基关系,并非完全决定了客观性意识对象的构建,因为"意识不是孤立的对象,而是视域并因此而构造着世界"。① 但意识视域究竟如何发生?对此,我们还不能简单地把意向性行为等同于主体性的认知行为,因为"非实显的体验的'晕圈'围绕着那些实显的体验,体验流绝不可能由单纯的实显性事物组成"。② 也正如海德格尔的思考,我们与世界打交道,还存在着另外的与对象相遇的方式。我们对事物的感知并非完全是主体对对象的构造,而是将事物作为用具,并忙碌和纠缠于其中;③ 并且是在一个"被抛"的世界先验结构中获得意义。因此,意向性构建永远存在反复、突破、综合等不断创造的过程。

胡塞尔所讲的感知的"视域"对意向性行为的构成至关重要。意识视域的发生面临如下几种情境:其一,意识视域的先在结构与新的意义处理问题。视域必定给予我们理解意义时的先在结构,当一个意向相关项赋

---

① [德] 黑尔德. 生活世界现象学 [M]. 上海:上海译文出版社,2002:33.
② [德] 胡塞尔. 纯粹现象学通论 [M]. 北京:商务印书馆,1992:105.
③ [美] 威尔顿. 另类胡塞尔——先验现象学的视野 [M]. 上海:复旦大学出版社,2012:491.

予某种先在的结构,并与随后出现的其他意向相关项所给予的意义相冲突或不一致时,意识必定进行相关的肯定、否定或综合,构造出可能的世界。其二,意识视域的时间性与想象的构造。感知的主动综合具有时间性,个体经验的意识滞留和前摄,即现象直观基础上的想象,共同产生新的可能视域。其三,生活现象的直观和实践与语言抽象的意义构造。一方面,个体通过交互主体性的言语行为获得语言共通和意义的理解,另一方面,世界的多面侧显与个体具身化的实践感知又必然反复确证或修正意义的理解。① 归根结底,意识视域的综合构造过程,是特定时空中的在场与不在场的客观事物、生活与实践现象的多面显现与直观感知、想象、判断的交互综合,一方面表现为现象的直观以及基于此之上的回忆和想象的时间性视域生成,另一方面表现为经由实践的经验与意识的反复修订与确认。

核心价值观作为观念的意识构建同样存在着复杂的视域综合。需要关注个体的先在价值结构、经验滞留、情感意愿、现象的多侧面显示、实践行动等,尤其要考虑不同的价值观念的意识建构特点,有重点地强化直观、想象、判断与情感意愿在价值观意识构建中的运用。

(二) 社会主义核心价值观的意识构造方式考察

社会主义核心价值观体系,由国家、社会、个人三个层面的十二种价值观构成。不同层面,甚至同一层面价值观之间的意识构造方式,包括意识行为类别、意识行为之间的奠基关系都存在差异。大体上,核心价值观有如下几种意识构造方式:一是直观感知的构造。直观是对事物感知的基础性方式,缺乏直观感知,理论判断不可能获得真实性。对核心价值观的直观感知来源于两个方面:即对社会现象的书面感知,包括媒体传达的社会现象和私人间传播的信息,以及对实践的直观感知,即通过实践获得的直观感知。二是想象的建构。直观是个体认知事物的基础,但如果缺乏想象,就不可能获得相应的认知和判断。想象包括两种情况:一种是个体基于自我的认识,对他人及其他做出相应的类似判断;另一种是经由直观,获得对事实的想象,进而形成自我的认识。三是理论判断与逻辑认知建构。对社会主义核心价值观的认同,首先在于对社会主义核心价值观思想体系的认知。缺乏对思想体系的认知,很难说有什么理性的认同。理论判

---

① [美]威尔顿. 另类胡塞尔——先验现象学的视野 [M]. 上海:复旦大学出版社,2012:355-357.

断及其逻辑的认知，实际上是经过直观和想象而获得的语言的分析和意义的建构。四是情感和意愿行为的构造。情感是一种本能，直接获得关于对象的情感意识，并且构成实践行为的本源性动力。分别来看，国家、社会及个体三个层面的核心价值观的意识构造各有特点。

1. 国家层面核心价值观的意识构造分析

国家层面的价值观富强、民主、文明、和谐，是中国特色社会主义的政治哲学和社会主义现代化国家的建设目标。作为政治哲学，它是对建设和发展什么样的中国特色社会主义、如何建设和发展中国特色社会主义的根本性思考，并深刻地关涉中国特色社会主义的指导思想、根本性质、战略任务，关涉中国特色社会主义的理论与实践逻辑问题。对国家层面核心价值观的意识构建，必须置于宏大的视野中来思考，包括中国现代化的历史与中西方比较的视野、中国现代化的理论与实践视野以及中国现代化阶段性追求的视野；尤其需要结合马克思主义中国化的理论创新与实践创新以及中国国情和文化传统，以东西方比较的视野，牢牢把握中国特色社会主义建立的以坚持党的领导、社会主义制度和核心价值观超越资本逻辑、进而以人民为中心的理论逻辑和实践逻辑。因此，对国家层面核心价值观的意识构建，不是简单的几个概念的解释性理解，而是对中国特色社会主义现代化建设宏大叙事的理性思考、政治哲学思考。

从这个意义上说，对国家层面核心价值观的意识建构，主要是一种理论体系的认知判断的建构，但这种理论逻辑的认知判断，也并非全然是一种逻辑演绎或推理的构建，也需要有对中国现代化实践的感知和想象以及可能的情感构建。问题在于，国家现代化实践如何经由实践实事的侧显和多视角的视域，成为意识的构造对象。为此，一方面要有对实践直观的语言建构能力，即对客观事物的意识把握，或直观体验基础上的抽象化认知，这里面包含对价值观的实践表现的感知、想象的建构；另一方面要有相应的理论思考，即对意识对象（非客观事物）的理论语言把握，即国家层面核心价值观作为一套公共的理论语言系统，既依赖于其自身的逻辑语言严密性，也依赖于个体的逻辑认知。

当然，国家层面核心价值观除了理论论证认知这一共同的意识构造特点外，直观、意愿等意识建构方式在价值观认知上还存在差异。整体而言，富强、民主、文明、和谐价值观都属于现象世界的范畴，显然都强调直观的意识建构作用。比如通过国家发展的直观感知富强、文明现象，通过日常生活直观感知民主、和谐现象。但直观在不同价值观中的意识建构还存在一定的差异,比如,"民主"就属于实证性的现象世界范畴,[①] 它体现为可见的操作性政治行动。因此,其直观性更具有程序的可见性。而文明、和谐价值观的直观建构,通过身体的切己体验和感知,在日常生活中易于察看,但容易显现为表层的意义构建。而富强价值观的意识构建相对而言更具有情感认知的特点,譬如经由历史和现实的国家事件直观,人们往往容易对国家和人民的富强产生心理的情感及其认同。或许,情感认知确实类似于非客体化行为,并没有构造认知对象,但不可否认,情感认同确实产生了意愿对象。尽管这两种对象构造的性质不同,但都有利于价值观认同。不同的是,情感认同的意愿产生方式可能只需要片段式的直观,而理论认知则需要理论的逻辑建构。比如,"富强"所需要的制度基础或道路建设等内容、"民主"的内涵及其制度的优劣、"文明"的内涵与优越等,都需要基于理论逻辑论证获得理性认知。

2. 社会层面核心价值观的意识构造分析

社会层面的核心价值观自由、平等、公正、法治,也是中国特色社会主义的政治哲学和社会发展目标,是对建立什么样的社会主义制度的价值表达。然而,这些价值概念也是西方价值体系中的常用概念,并获得了相应的理论论证和政治辩护。但显然,中国特色社会主义的社会价值观念必然有别于西方资本主义的抽象价值观,以马克思主义为指导并融合优秀传统文化内涵,真实体现了以人民为中心并不断增进人民福祉的社会主义实践追求。因此,与国家层面核心价值观一样,社会层面核心价值观也是具备一套完备的逻辑和内涵的理论体系,因而它首先是一种理论逻辑认知判断的意识建构;而且需要在比较视野的判断与语言分析中获得意识建构。但是,相较于国家层面核心价值观,社会层面核心价值观更紧密地关涉个体的权利诉求、生存需要、物质和精神需要、自由发展和美好生活需要,因而,其意识建构更相关于个体的政治实践感知直观,特别是依赖于日常生活和实践中的直观感知和具身化的体验。当然,个体对社会层面核心价值观的认同,也需要发挥现象直观之上的想象构建,因为这些价值观更紧密地关涉到个体间的相互对待关系,即个体总是从他者对"我"的关系的时间回忆中想象性构造起"我"对他者的关系,并通过实践不断修正个体的想象的。从这个意义上说,社会层面核心价值观的意识构造,既需

---

① 陈嘉明. 中国现代性研究的解释框架问题[J]. 华东师范大学学报(哲学社会科学版), 2006 (3).

要强调理论逻辑的认知构建,更需要朴素的实践感知和现象直观。为此,一方面需要增强实践行动和日常生活现象的直观感知,另一方面需要构建朴素的价值观解释性语言体系,以增强实践感知的意识构造。

同样,社会层面核心价值之间的意识构建方式也存在差异。分别来说,"自由"属于"形上"的"本体世界"的范畴,① 是社会模式设计和政治方案的终极性问题,也是对"何为美好生活"的哲学追问的本体论问题。从柏拉图到马克思的政治方案,都是关于自由的终极性探索。因此,自由概念的意识更需要经由形而上的思考来构造。平等、公正、法治价值观并非是社会模式的本体问题,虽然需要有哲学的思考,但更主要是一种政治理论,其意识建构与社会制度建设、社会政策制订密切相关,也与理论解释和社会实践密切相关。当然,社会层面核心价值观毕竟是具体的和现实的,其意识构造虽然依赖于理论逻辑和社会政策的宏大叙事,但更奠基于个体的实践感知和想象以及基于此的素朴的语言意识建构。

3. 个体层面核心价值观的意识构造分析

个体层面的核心价值观爱国、敬业、诚信、友善,作为个体与国家、社会、他人关系的基本道德规范要求,与国家和社会层面的核心价值观明显不同,并非主要是一种理性认知的建构,尽管这些概念也有自身的知识体系。但是,这些概念作为知识体系,恰恰在于对概念内涵的解释以及何为对错或应当做什么、不应当做什么的规定,而缺乏一套理论逻辑体系。事实上,其本身就是某种情感和意愿的问题,而不可能是逻辑论证的产物,也很难获得确切的逻辑推理论证。比如我们很难论证说为什么要爱国,个体也无法通过归纳或概括得到诚信价值的绝对可靠性,因而它们主要是一种道德情感和规范意识的建构。确实,情感和意愿行为并没有构造起客观性意识对象,但构造了概念对象或价值认同。

当然各自的规范意识建构、情感建构的特点也非全然相同。具体来说,爱国价值观,在意识构建上具有客观性内容,即构建了概念对象,但主要是一种情感和意愿的意识构建。敬业、诚信、友善价值观的意识构建也具有客观性,但其客观性表现主要是一种规则意识或原则意识的构建,或者说是想象性的知识构建。因为个体总是以己度人,以"我"的个体感情想象他人的情感,并从回忆中想象性地构造出他人与我的关系处理模

---

① 陈嘉明. 中国现代性研究的解释框架问题[J]. 华东师范大学学报(哲学社会科学版), 2006(3).

式。但因为敬业、诚信、友善三类价值是个生存论问题，关系到人的生存，因此有关这类知识的构建并非完全具有客观性，归根结底是个实践性问题。也就是说，个体不管对此做什么样的知识构建，其中，可能产生诸多的知识困惑，但最终都需要做出实践选择并有所行动。从这个意义上说，它们也必定是某种情境下的情感和意愿的意识构建。以诚信来说，其内涵以及人们对诚信背叛所可能造成的后果的推理，这些属于"诚信"的知识内容体系，具有意识的客观性。但在具体情境下的意向性意识行为，则必定体现为情感和意愿的意向行为，因为个体对诚信并没有足够的理性判断，主要通过感知、想象以及自我的移情共通，做出特定的情感和意愿意识构造。因此说，作为生存论问题而必然要在他者构成的生活世界中获得相关的知识或经验，为个体情感和意愿的意识构造奠定了基础。也因此，情感和意愿的意识构造虽然具有偶然性或不确定性，但作为前提基础的日常生活经验和知识体系为价值观的意识构造提供了稳定性。日常经验、想象的知识体系、情感意愿构成了个体层面核心价值观的意识构造的重要视域。

（三）构建与意识构造相适应的核心价值观教育方式

根据以上讨论，我们可以对核心价值观的意识构造方式特点做一个概要式归纳。大体上，我们可以把社会主义核心价值观划分为思想理论认知和道德情感认同两类内容。国家和社会层面的核心价值观都需要重视理论逻辑认知，强化思想理论的系统性和逻辑性，但社会层面核心价值观的意识构造更需要重视概念的比较认知、个体的生活和实践直观感知。国家层面价值观都属于现象世界范畴，需要利用直观的意识建构作用，但文明、和谐价值观的直观建构，容易显现为表层的意义构建；而"民主"具有实证性直观，"富强"意识构建相对而言更具有情感认知的特点。社会层面价值观的意识构造要重视生活和实践中的直观感知。"自由"属于形而上的本体世界范畴，平等、公正、法治价值观也关乎政治哲学思考，更关乎社会实践。个体层面核心价值观主要是一种道德情感的意愿行为，以及行为规则处理的意识行为。

为此，首先需要对具有思想理论认知性质的核心价值观进行理论逻辑体系证明以及相应的课程整合。当前需要以马克思主义中国化作为主线，以习近平新时代中国特色社会主义思想作为统率，进行课程的统整，以达到内容的综合和逻辑的统一。其次，需要充分熟悉个体先在的价值结构，包括对中华优秀传统文化和价值观的继承和认同情况，以及现有的价值认知情况,即对个体认同什么、认同程度以及不认同什么,有清楚的把握。尤其要掌握意向性意识行为的状态,是现象直观的缺乏,还是认知判断出现了问题,抑或情感意愿存在偏差。最后,需要根据核心价值观的意识构造特点及方式的差异,特别是要根据直观、判断、情感和意愿等不同意向性意识行为以及复杂的意识形成视域综合特点,选择核心价值观教育的方式方法。

一是深入推进研究性学习。社会主义核心价值观作为中国特色社会主义理论与实践逻辑的价值体现,作为系统的思想和理论,必须加强理论论证教育,促进学生建立明晰的价值认知逻辑,增强对价值观的认同感。讲授式教学是必要的,越是重视理论的系统性和逻辑性,就越能够增强价值观的说服力。因而加强研究性学习,走向深度学习,是增强理论系统性和逻辑的重要途径。一方面要加强专题式学习和研讨,以若干主题作为研究性学习项目,通过材料收集和文献分析,形成理论论证,并加强研讨。语言和意义虽然是对实践的所指,但仍可自成为相对独立的系统,并且总是存在着主体交互性理解,因而应当充分运用思辨式讨论和分析,通过不断的解释生成新的意义。另一方面要加强概念的学习和研讨。中国现代性是在西方现代性框架的参照中实现马克思主义中国化,并形成自己的理论与实践逻辑的,虽然两者的一些概念名称相同,但内涵有根本差异,因此必须加强概念辨析的教学,并在比较的视野中获得对社会主义核心价值观的理解。思想或理论体系,总要表现为语言及其意义,强化语言或意义的分析和意识抽象是必要的。

二是广泛推进现象直观性教学。核心价值观的认知依赖于思想理论的逻辑理路,但其逻辑并非类同于数理逻辑,而是基于实践的理论逻辑。生活实践和生活现象的直观感知是理论逻辑认知的重要基础。有人认为,人的"在世存在"的语言性最终是表达全部经验范围,[①] 这不无道理,但过往经验的感知不可能全部经由实践来完成,还原经验的时空场景是必要的,它可以增强感知的直观性。大体而言,可以从两个方面推进价值观的直观性教学。一方面,实现生活和实践现象的场景再现。任何价值观的意识建构都具有视域性,依托生活和实践现象的情节性场景叙事,借助信息技术实现场景再现,增进直观感知。同时,身临其境地与生活和实践现象

---

① [德] 伽达默尔:诠释学 [C];洪汉鼎:理解与解释——诠释学经典文选.北京:东方出版社,2001:491.

进行思想的纠缠，更可增强判断和辨别能力。但是，现象的直观是一个复杂的视域融合过程，为此需要丰富和多侧面选取生活与实践现象，以扩大和深化视域及其融合。从这个意义上说，如何选取生活和实践现象以及如何多侧面显示，对价值观的直观感知和判断以及增强理论说服力至关重要，同时也表明，有控制的选择对积极的价值观教育也是必要的。此外，有区别性的选择对于增强价值观教育的有效性甚为关键，不同价值观教育在生活现象取材上必然有所区分：国家层面核心价值观教育更要注重宏大的取材，社会层面核心价值观教育应注重从与个体生活实践更为紧密的现象取材。当然，在生活与实践现象场景再现中的直观，不能完全说没有情感的构建，但情感和意愿不是奠基性的，通过直观感知增进理论或思想的判断，对于核心价值观理论逻辑的认知构建仍然最为紧要。

另一方面，案例式现象教学也不失为直观性教学的一个好的方法。其优势在于促进意识建构的直观化、在场性和具体深度化，并获得交互的讨论式学习。案例的选择可以有两种表现方式：其一是采用特定时空场景下的语言和行动的客观描述方式，从而使案例具有显著的事件性；其二是提供两难或矛盾性的情境设置。前者在于通过场景的临在性，增进学生的在场性获得，更重要的是增进视域的深层化，这是其区别于场景再现方式的直观性教学的重要方面；后者在于通过两难性选择困境，启发学生的批判性思考，澄清价值模糊和拓展对价值观念选择的特定情境、条件的认知。核心价值观都适合采用案例教学法。比如，以经济发展和环境保护为关系主题的案例设置，就需要学生对两者关系做出选择、判断，这个过程对和谐价值观必然获得深入的认识。

三是强化行动实践教学。任何意识，即便胡塞尔的自我意识"拥有内在的完满性"，也不过是"证明了我思的意义而不可能证明我在的意义"，因为存在都是形而下的，其意义总是"直接显示在存在的每时每刻"之现实中，而不可能蕴藏在语言或意义的建构中。[①] 人唯有在实践中才能更确切地把握到价值观念的情境性意蕴、真实的内涵以及可能面临的场景性选择困惑。但问题是，价值观念的意识建构也需要从纷繁复杂的生活现象和行动实践中学会抽象的、语言的思考。固然，任何价值观都是以生活实践为根基的，但其也构成为生活实践的内在部分和真实力量，进而

---

① 赵汀阳. 第一哲学的支点 [M]. 北京：生活·读书·新知三联书店，2013：206－207.

推动人们生活不断向未来超越。① 因此，理论与实践需要经过不断的视域融合。实践教育方式大概有两种：一种是观景式或体验式的实践教学，即把学生置于实践场景，增强价值观的直观感受和认识；另一种是身临其中的行动实践教学，即通过做或行动来开展价值观教育。认知是价值观教育的前提，践行是价值观教育的落脚点，并且，践行可以更好地促进价值观的认知。结合劳动教育、社会实践等课程，构建丰富深入的核心价值观行动教育课程甚为紧要。

四是有针对性地实施情感体验式教学。作为道德范畴的核心价值观，主要是情感性的构建，其认同也并非靠逻辑推理来支撑，因而情感体验应当是与其特点相适合的教学方式。对个体层面核心价值观而言，尽管其意识构造离不开日常经验和知识体系，但因为情感具有自然性和感知性特点，因而情感体验和激发必然是最为有效的教育。实施情感体验式教学，需要运用必要的信息技术，营造视听觉场景，或设置合适的生活场景。

核心价值观教育方式必然是多样的，关键是要把握好不同的核心价值观的意向性意识行为特点及其意识构造方式，强化直观感知、理论认知、情感意愿等意识行为在核心价值观教育中的运用，有针对性地采用不同的适合其意识构造特点的教育方式。总体上看，必须通过多侧面的现象显示，强化现象直观感知教学，重视这个基础上的理论认知教育、情感体验教育实践以及理论认知与现象直观、实践行动交互支撑的视域融合性教育。

二、理想信念的精神构建及其教育

创新立德树人实践机制，培养德智体美劳全面发展的社会主义建设者和接班人，关键在办好思想政治理论课，引导学生坚定理想信念、厚植爱国主义情怀、加强品德修养。加强思想政治理论教育，需要深入推进思想政治理论教育改革创新，用习近平新时代中国特色社会主义思想铸魂育人。

理想信念是有内容的，而不是空洞的。但学校在理想信念教育中往往缺乏明确的教学内容。为此，首先必须明确和构建理想信念教育的内容载体，为学校推进理想信念教育生成清晰的教学内容。从大的方面看，学校

---

① 贺来. 实践观点与价值独断主义的终结［J］. 天津社会科学，2019（6）.

理想信念教育的核心内容就是共产主义远大理想和中国特色社会主义共同理想教育。但问题在于，对此如何实施，即从什么方面推进远大理想和共同理想教育，却还没有形成系统的教学内容。对理想教育而言，如果只是照本宣科，不但会流于形式，而且会强化理想教育的空洞化。也就是说，对远大理想和共同理想的教育，不能停留于照本宣科，必须进行相应的课程开发，夯实理想信念教育的具体内容，奠定理想教育的基石。

不少学校认为，远大理想和共同理想的教育脱离了儿童或青少年的生活实践，显得过于抽象，不好把握。因此，往往着眼于儿童或青少年的个人理想教育。不可否认，立足儿童或青少年的生活、学习实际开展理想信念教育，确实有抓手，便于教学操作。但问题在于，个人理想与国家理想是紧密相联的，个人理想必须得到国家理想的指引。或者说，个人理想只有与国家理想和命运紧密相联，才具有意义并可得到升华。学校如何引导学生立足国家理想和命运，着眼于时代需要，引导学生树立个人的远大理想，是值得探索的。进一步说，学校如何有效推进国家理想教育，进而引导学生在国家理想教育中确立自身的理想，是需要探索的。因此，如何构建和优化国家理想教育的教学内容及其方式，尤为重要。

为此，首先必须考察国家理想的特点，进而选择和确定具体的教学内容。国家理想表现为一种思想体系和政治哲学，不同于个人理想的情感性，是理性的思考和选择。这种思考和选择，是历史、逻辑与实践的统一。中国特色社会主义理想，是基于近代以来的中国现代化探索的历史，基于马克思对西方现代性的批判、主要是对资本的批判以及对未来社会理想的辩证唯物主义的逻辑思考和理论构建，基于马克思主义中国化的理论探索，以及中国革命和社会主义建设的伟大实践，形成的适合中国国情的国家理想。其根本的理论与实践逻辑，就是坚持中国共产党的领导、坚持社会主义核心价值观、充分利用资本但又超越资本逻辑，进而建立起以人民为中心的社会主义模式。

从这个意义上说，国家理想教育必须围绕其历史、逻辑与实践进行系统的课程或教学内容开发。一是开展中国近代以来的现代化探索的历史教育。但是，中国现代化进程的历史教育课程开发，并非是常规的历史教育课程开设，而是要以中国特色社会主义的形成为主线，以现代化探索为历程，重新进行课程开发。这实际上是以中国现代化的若干历史节点为线索的主题式教育。二是开展以马克思主义中国化为理论逻辑的思想教育。重点是围绕马克思主义的政治经济学批判或西方资本主义批判，以及社会主义模式的中国探索，进行以中国特色社会主义理论逻辑为核心的课程开发，厚植学生的思想根基。三是开展国情教育。重点围绕中国传统文化及文化现代化、中国地理、中国经济、中国制度，进行国情教育课程的开发，促进学生认清国情，引导学生对中国道路、中国模式的理性思考。这也是一种主题式的综合性学习的课程开发。四是开展社会主义建设伟大实践教育，特别是围绕改革开放以来中国社会主义建设的探索与奋斗历程、战略规划以及辉煌成就，进行课程开发，增强对中国特色社会主义的"四个自信"。五是开展国际形势与国家安全教育。结合国际形势分析，围绕国家发展面临的形势与安全问题，特别是意识形态斗争以及国家战略安全问题，以及中华民族伟大复兴的时代挑战，进行主题式课程开发，增强对中国特色社会主义建设的奋斗动力。

　　国家理想教育，具有内容综合性、主题性特点，需要进行跨学科统整，在系统的课程设计基础上，规划好鲜明的教育主题，以宏观视野和清晰的逻辑，谋划形式多样的课程体系。一是要注重课程形态构建和方式的科学采用。在课程形态上要重视活动、探究形态的课程开发。除了传统的思想体系讲授式外，还应当加强探究性学习、研讨式学习、体验式学习以及实践性学习。比如围绕中国近现代化探索的文化与社会结构，开展探究性学习或研讨式学习；或从中国地理、经济、文化价值传统、社会阶层的综合性视野，开展跨学科的国情分析；或着眼于中华民族伟大复兴主题，开展国家发展的时代挑战及发展战略的综合分析；或立足于改革开放的伟大历程及成就，开展体验式或实践性教学。二是要充分利用信息技术的新发展，探索新的课程形态，探索信息技术与思想政治理论教育的融合创新，或构建虚拟的思想政治教育体验中心，创新教学方式。比如，通过信息技术实现场景再造或情景再现，增强教学的直观性，或通过视听技术以增强情感感知，激发学生的爱国主义情感，更有效地引导学生树立理想信念。

　　这里更需要探索的是如何引导学生坚定理想信念。对此，应当说我们也没有找到有效的教育抓手或特定的教学内容。实际上，坚定理想信念是一种精神或意志行为的坚守，但问题是，精神或意志并不容易坚守。精神或意志的坚守受到两个方面因素的影响：一是精神文化是否获得正确的认知，并获得意志的强烈支撑，形成特定的信仰；二是精神信仰在受到外界的诱惑或冲击时，是否被摧毁或颠覆。从这个意义上说，理想信念的坚守必须接受外界诱惑和变化的实践检验。换句话说，理想信念的坚守也是一个内心灵魂与外在诱惑或冲击搏斗的过程，或精神考验的过程，因而也是一个内在精神不断磨砺的过程。由此看来，加强奋斗精神的磨砺教育是理想信念教育的一个极好抓手。

人之奋斗，是人的存在本性。昆德拉说过，人生的根本境遇就是死亡。正因为如此，人生的价值和意义才值得追问。法国哲学家萨特说，人生的意义就是虚无。从人的终极来看，确实很悲观。但悲观不足以指导人生，人生必然要获得某种精神性的东西或怀有希望，否则就无法继续生活。人之所以活着，就必然是有意义的，有值得追求、向往和希望的意义，实际上就是一个奋斗的过程，只不过奋斗的目标或大或小、或近或远，奋斗的程度不同而已。

而且，现代社会特别需要奋斗精神。在物质高度发达的今天，奋斗精神容易出现松懈。传统农耕社会，生产力不发达，自然条件艰苦，劳力是生产力提高的主要因素，人们不得不与自然做艰苦的斗争，为了获得生存和更好的生存，自然形成艰苦奋斗的精神。现代以来，科学技术发展突飞猛进，生产力发达，物质财富极大丰富，同时，随着全球化进程，价值日益多元化，外在诱惑增多，拜金主义、享乐主义的温床滋生，精神懈怠现象难免不同程度地存在。人类的自我迷失是西方现代性的一个根本问题。思想家施特劳斯对西方现代性的问题表征有过非常精彩的揭示，即西方人已经不知道什么是好、什么是坏，什么是对的、什么是错的。用尼采的话说就是，西方堕入虚无主义的深渊。人已经无法找到自我，无法找到回家的路。奋斗乃为人的本质存在，但现代人越来越关注外在世界，越来越丢失自我。西方资本主义精神，用马克斯·韦伯的话说，就是新教伦理所倡导的勤勉工作或奋斗精神。确实，早期资本主义用自己的奋斗精神开疆拓土，创造了高度发达的生产力和物质财富，但也带来了现代性危机，其中主要是精神危机。从这个意义上说，奋斗精神的培育跟国家制度建设密切相关。从未来社会发展看，人工智能等新技术的进一步发展必将极大地解放和发展生产力，给人类的生活方式带来根本性变革。其中，技术在解放人类体力劳动的同时，必将对人类精神系统产生重大冲击，进一步逼问"我是谁"及"我应当如何生活"的问题。技术越发展，人的存在问题越值得追问，人类如何保持奋斗精神，抵制被技术和物质所异化，越来越紧要和根本。

人的奋斗或出乎生存生活的需要，或出乎深厚的兴趣追求，也或出乎高远的人生目标和纯粹精神的需要，总之是出乎或近或远的理想追求。理想崩塌、信念丧失或精神懈怠，就是缺乏奋斗和追求的目标、动力。但确立了理想或目标并不代表精神的坚守。奋斗精神是坚守和实现理想的唯一路径。但如何加强奋斗精神培育，如何在日常学习、日常生活、日常活动中整体贯彻，仍然需要探索和实践。

一是强化日常学习中的奋斗精神培育。学生的日常学习，从培养目标来看，涉及知识、能力技能、情感态度和价值观的培养，其中，认真、刻苦、钻研等学习精神的养成远远重要于学习内容本身。知识、能力的获得固然是一个人生命成长的重要内容，但知识的多少、能力的大小，并不构成人的生命的关键，更不是人的幸福生活的关键。精神性的东西远远超越于器物层面。不少人认为，学习应当是快乐的。或许从结果来看，因为学习获得了某些知识、能力或精神的成长，获得了很多体验或新的见识，获得了一些思想困惑或难题的突破，因而也就获得了不少的愉悦。从这个意义上说，学习是一种奋斗中的快乐。但这并非表明，学习是一件轻松的事情，或者把学习变成为一件轻松的事情。当然，有必要通过教学方式改革，营造相对轻松的学习环境，在愉悦的气氛或游戏中获得深度的体验和思考。日常学习必须强化学习精神的培育，但不能把学习变成学生的精神负担。事实上，我们应要反对增加学生的学习负担，甚至把学习变成学生的精神负担。

那么，在日常学习中应该如何强化奋斗精神的培育呢？一方面要反对简单地根据学习结果或将考试分数作为学生评价的主要标准，倡导注重学习过程的评价。比如，在日常学习中注重学生对知识困惑的思考、对解题或答案的多种方式的探索的考察和培养，在探究性学习中注重对学生问题解决的锲而不舍探索精神的考察和培养。另一方面要在日常学习过程中强化学习耐力或意志力的培养。比如在教学中适当地延长学生的思考时间或观察时间，在手工制作活动中强化精细化制作或适当延长制作过程。

二是强化日常生活中的奋斗精神培育。学生在学校的日常生活时间相对于学习而言，虽然不算太长，但具有重要的教育价值，学校应当充分利用日常生活开展教育。当然，日常生活教育的价值具有多样性，但值得强化的是奋斗精神的培育。从学校教育实践看，对日常生活的教育利用还不充分。从学校一日生活安排来看，最值得利用的就是课后活动时间，充分结合劳动教育的开展，比如利用清洁卫生工作培养学生的吃苦耐劳精神，适当增强劳动教育的强度，培养学生的意志力。此外，优化军事训练，也是培养学生意志力的重要途径。军事训练还没有建设成为一门重要的课程，没有得到足够的重视，每个学段一次的军训固然对培养学生的意志力具有重要的促进作用，但也在一定程度上造成了学生的畏惧情绪和懈怠。意志力的训练是一个长期的过程，军事训练应当实现常态化，每学期至少开展一次军事训练。

　　三是强化活动课中的奋斗精神培育。活动课是一种重要的课程形态，涉及身体、心智与精神的综合性培育。学校开设有专门的综合实践课，内容涉及德育、劳动教育以及探究性学习，有别于学科教学课程，它强调以活动为主。显然，重视实践教育，是综合实践课所独有的教育特点，是对学科课程的重要补充。但实际上，学科课程也并不必然就是以知识教学为主，也需要建设以活动为主要形式的实践教学模式。比如，语文、历史、地理、科学等诸多学科教学，完全也应该广泛开展活动形式的探究性教学。从这个意义上说，活动课程也有自己的科学理论指导，即通过综合性的活动教学，从多个侧面体验或感知文本世界所真正蕴含的事物本质，进而更好地实现学科教学的目的，而非简单地指向身体、心智统一的综合育人目的。但不管是学科教学中的活动教学形态以及综合实践课的专门活动教学形态，都必须强化充分的体验、感知与实践。因此，任何活动课教学必然内在地具有奋斗精神的培育要素。实际上，任何活动课教学都不能停留于走马观花或形式主义，否则，不可能达到预定的教育目的。换句话说，活动的过程越细致、越艰辛，付出得越多，学生的体验、感知或精神享受就越深刻，就越能达到育人的效果。活动课程并非简单地谋求身体与心智的协调，它是一个以知识或想法进行实践探索的过程，而实践的探索从来不是一个简单与轻松的活动过程，是一个智力与劳力艰辛付出的过程，不仅仅在于谋求体验的成功喜悦，更重要的在于奋斗精神的磨砺。从这个意义上说，综合实践课作为一种活动形态的课程，固然要强化活动体验以及必要的动手制作，但不应当视这些活动内容为主要的教育课程。因为综合实践课的初衷是作为学科教学课程的补充，是基于学科课程的知识教学特点而言的，如果深入推进学科课程改革，推动学科教学从知识传授走向综合性学习和素质教育，那么综合实践课的历史使命在一定程度上已经完成，或者说，综合实践课程应当实现自己的转型。如何转型？往何处转型？综合实践课程应当找到自己独有的价值，即区别于学科课程的教育。从现有的学校课程改革现状看，综合实践课的主要内容都缺乏存在的基本依据，应当重新厘定自己的教育内容。强化奋斗精神的培育应当成为活动课教学的重要品质和追求。

四是加强家、校合作，培养奋斗精神。教育需要学校与家庭的合作。长期以来，家校合作不断在被重视和改进。特别是随着中国特色社会主义进入新时代，教育承担新使命、新任务，教育在国家发展战略和促进民生幸福中的地位和作用越来越重要、突出，尤其是教育问题的新发展、学生素质教育发展面临的新问题，都亟待深化家、校之间的合作。家庭教育和学校教育的优势、职责或任务存在明显区别，家庭教育重在品德与良好行为习惯的培养；学校教育强调人的全面发展的培养，但在品德培养上的优势在于道德实践教育的实施。因此家庭与学校间的教育合作的内容固然要涉及学业与心理健康教育等方面的问题，但更重要的是加强精神与道德品质等方面的合作教育，这不仅是因为家庭教育的重点就在于精神或道德品质的培育，而且还因为精神或道德品质的教育需要一以贯之，需要家校教育协同并保持一致。一种品质的毁坏容易，养成很难，需要日积月累，奋斗精神的培育更是如此。

三、道德规则构建、超越及其教育

从学校教育实践看，通过活动、规范制度等方式，加强学生的日常道德行为习惯、规范及爱国主义教育，不乏丰富的课程教学探索和实践。但是在日常生活、活动、环境的具体教学选择方面，如何达至可感知的要求，增进道德教育的有效性，却仍然需要实践探索和理论创新。

道德规范或规则的教育是道德教育的基本内容。道德规范或规则，通常以道德命令的语句来表现道德倡导的内容，一般都是以"你应当或应该如何"来表达，比如，"你应当排队""应当尊重他人"。同时也以禁止性的语句来表现道德反对或禁止的内容，一般是以"你不应当或不应该如何"来表达，比如，"你不应当插队""你不应当讽刺别人"。道德命令是道德规范的主要表现形式。道德命令具有不可商约性，甚至不允许个体的反思与质疑。尽管这可能让个体的生活难以具体适应，但它作为集体生活的要求仍然是必要的。实际上，任何道德集体都具有某些共约的东西，尽管这种共约的东西仔细考察起来确实存在一定的模糊性，但其仍然可以指导或并不妨碍集体生活。问题在于，任何具体的道德命令是否是合理的，任何道德或伦理规范的合理性和合情性都需要被判定。[①] 道德是生活

---

① 赵汀阳. 论可能生活 [M]. 北京：中国人民大学出版社，2005：1.

的必要，但道德命令是否可以促进每个个体追求自己的美好生活则存在问题。如果道德命令不符合生活需要或令人陷入困惑，无法选择，则一定为生活所抛弃或者说生活必然自行其是。生存与生活总是人的第一需要，任何道德都要服从生活的需要。道德或伦理规范是否合理，就在于其是否有利于生活的发展或生存的需要，违背生活或生存的基本需要就是不合理的。历史上不少道德内容存在违反人性的现象，集中表现为违反人的身心发展需要，或者以牺牲身体为代价换取所谓道德上的正确，其实这些都只能是反人性的道德。从这个意义上说，道德具有发展的进步性。但是，人性并非一个抽象的概念，其基本内涵或范畴总是为特定政治社会所规定。或者说，生活需要也并非那么不言自明。人性的解放也存在一定的空间，不同的民族国家存在不同的解释或要求。生活也不是只有基本需要或生存需要，还有更美好的追求。美好生活永远是相对的，或许更多的是某种哲学思考或某种想象。在世俗生活中，美好生活追求的个体性差异并非总是与道德和谐的。道德并非一定支持好生活，甚至对好生活追求形成制约；反过来，个体对好生活的追求也经常突破道德的底线或道德良知，至少存在突破道德规范的现象。何为好生活，实际上并没有确切的解释或答案，生活总是存在困惑的。道德对生活而言是否合理，或许真的没有唯一的答案或确定无疑的答案。但是，我们还是可以找到道德是否违背生活需要的某些共识性判断或认知，因为人性或生活需要毕竟存在某些基本的要素或共识性的地方。道德的进步就在于突破常规，寻找更大的促进人性发展的空间，支持人们更加美好的生活追求。

　　道德是否合情，也是值得考虑的。合理与合情并非总是一致的，有时甚至产生冲突。生活其实也是如此，很多合理的现象有时不合情，而合情的东西未必一定合理。所谓合理的，是指符合人们认知的常理，合乎道德规范或原理；合情则表示更吻合人的情感需要。道德合理是生活秩序的需要，具有无可辩驳的正义力量，但生活并非总是按照道理或逻辑进行，情感需要更是生活的必需。即使道德具有合理性，但只要有悖于或违背于情感的需要，终究是不道德的。道德合理性如果以牺牲人的情感需要为代价，尽管无法找到令人谴责的理由，但对人而言毕竟是残忍的。情感是人的生活的根本需要和体现，道德不应当有悖于人的情感。道德倘若对人的情感构成伤害，其正当性是值得审查的。群体在生活中总是形成特定的情感结构或情感倾向，构成群体生活的重要组成部分，是人们日常生活和行动的内在文化，它渗透于风俗、习惯、制度与日常生活的方方面面。道德只有遵循群体的情感文化或生活习惯，才具有生命力，并可内化为群体的文化自觉，构成人们的行动自觉。任何道德命令或要求如果伤害到了具体的情感，其本身或许就是非道德的，或是难以适应生活需要的。

应当说，道德不同于伦理规范，它是一种以存在论为基础的目的论概念。① 也就是说，伦理规范是为了集体秩序的维护和存在，而道德则是促进个体更好地生活。同样，生活也是一种自身具有目的性的存在方式，生活的根本问题在于生活本身的目的或意义，② 而不是其他外在的东西。但生活总是具体而复杂的，个体生活的具体情境选择与社会所同意的生活之间总是存在分歧。这一方面，道德或伦理规范本身存在的理论或逻辑漏洞。比如，"你不该撒谎"在多数情况下是自明的，但在现实生活中则是另外一回事，现实中的撒谎现象比比皆是。固然，撒谎行为多数情况可能是违背道德的，但从理论和逻辑上看，这一规定本身是有问题的。甚至说，撒谎有时候是必要的，披露真相则是对他人的残忍。也就是说，这一规定本身存在逻辑悖论，构成选择的即它所构成的选择困惑，有待于生活中的个体作出情境性选择。

另一方面，道德命令的语言表述无法照应具体的生活情境，它需要个体的经验与逻辑的语言理解。任何道德规范或规则，都必然要通过语言来表达。但任何道德语言都具有抽象性、模糊性和无限可解释性，都不可能完整描述具体的道德情景或场景、穷尽所有道德行动的所有动作流程或细节，都需要根据个体的抽象理解归纳出"大概"意义上的语言图式。追求结构化是人的语言和思维的追求。但任何行动必然都是具体情境中的选择，或多或少都具有创造性。尽管不排除很多道德行动事实上都可能出乎习惯，出乎日常的认知经验或行动惯习——人类的日常生活确实需要大量的习惯或经验知识，否则难以生活，但人类的日常行动确实时刻在改变。应当说，没有完全一成不变的行动。因此，任何道德语言都不可能完整地先验地概括出具体的道德行动的细节和流程，从这个意义上说，用道德语言来指导道德行动，必然存在一定的难度。事实上，道德语言与道德行动必然存在一定的偏离，但并不能因此否定道德规范或规则的价值。

想要解决这个问题，必然要放弃任何具体内容的道德命令或伦理规范，走向形式主义。康德力图解决这个问题。康德的形式主义伦理学或道

---

① 赵汀阳. 论可能生活 [M]. 北京：中国人民大学出版社，2005：17.
② 赵汀阳. 论可能生活 [M]. 北京：中国人民大学出版社，2005：15-20.

德形而上学提出的"你的行为准则也是他人的行为准则",尽管在实践中没有人真正做到,但他为道德建立了最终标准,为每个人按照自己心中的道德律去行动和实现自己的美好生活提供了指引。每个人该如何生活、做人做事遵循什么样的标准、如何活出人生的意义以及获得人的尊严和幸福等系列问题,都不是形而下的问题。但个体总是生活在他者的目光中,或在与他者的关系建构中建构自我,这里面必然涉及个体如何处理与他者的关系,进而获得自我的意义和幸福的问题。这种关系的处理,既要与道德规范保持一定的契合,但也需要有所超越。所谓超越,就是基于自我生活意义和幸福的形而上的追问。但个体并非总是在保持追问中生活,生活总是存在着现实的追求,拷问的生活并非常态。现实往往决定着人们的选择。

个体是否遵守既定的道德规则或规范,取决于如下几种情况。一是个体完全不知悉特定的道德规则或规范及其内涵,或者存在模糊认识,并不十分清楚具体行为究竟是合乎道德的或不道德的;二是道德价值存在冲突,或在道德秩序排序上难以抉择,选择任何一种行为都存在道德失范问题;三是尽管已经知悉,但仍然是以自我为中心,完全藐视或践踏道德规范或惯例;四是或者在道德认知上出现偏差,进而建构起以自我为中心的单向度道德知识,并以此指导自己的行为;五是尽管已经知悉特定的道德规则或规范的内涵,知道何为道德失范,但在利益权衡上选择了利益优先,或者便利优先,进而违反道德规范或规则。

尽管道德规范的语言表达存在抽象性,道德语言也未必能准确地指导具体的道德行动,但道德规范或规则的教育仍然是必要的,关键是如何确立道德教育的目标以及如何开展道德教育。道德教育的目的是培养合乎道德的人或道德践行者,而判定合乎道德的依据在于人的实践行动,而不是掌握了多少道德知识。人们一般否认道德是某种知识,但就其表现形式看,道德还是体现为一定的知识的,关键是道德知识并非一定指导着具体的道德实践,甚至依靠良知而非道德知识就可以做出道德实践。由此看来,道德知识的教育是必要的,但绝非为了掌握道德知识,而在于为道德行动提供必要的参考背景或可感知的理解环境。道德教育更重要的路径在于道德实践教育,并且也主要是提供实践环境,归根结底是个体交往中的自我实践建构,兼有适当的外在性的道德语言或知识的教育。因此,道德教育的路径主要有两条。

一是要构建可感知的道德规范教育环境。道德规范教育并不排斥道说教，关键在于如何通过道德说教促进个体将道德规范上升为道德信条。内容空洞或照本宣科式说教，以及脱离生活或人性的虚伪说教，都不可能获得有效的教育效果。促进个体获得明显的感知，并从中汲取精神性力量，是道德规范教育有效性的关键。为此，首先要设置道德情景，对具体道德规范的可能性场景要进行细节性描述，特别是要展示道德选择困难中的人性困惑或冲突、行动选择的深刻思考，引导个体走进场景并获得深刻的体验和思考，以及通过必要的讨论，进一步深化道德认知。其次是要加强以道德故事为主的案例教学。任何一个道德规范都必定是具体的，正是各个具体的道德生活或行动构成了道德规范的抽象性，也就是说，任何道德规范都包含丰富的、不同情境的道德实践。而过往的道德实践，都可以称之为道德故事，不同的是，不是所有的道德实践都具有鲜明的故事性。强化道德规范教育，必须选取具有鲜明教育意义的道德故事，充分展示道德规范遵守与违背所形成的正面和负面的行动后果或效应，增强个体对道德规范的感知性。感知得越深刻，越可能上升为信条。以诚信教育为例，诚信问题在生活中无处不在，遵守或违背诚信规范的事时有发生，问题在于行动的选择取决于利益的具体考量或眼前的利益考量，包括诚信规范的遵守是否能带来利益，或诚信规范的违背是否存在较大的风险成本，特别是在利益的获得明显大于风险成本之时。显然，人的行为往往具有动机性，其中不乏情感性动机，但主要是利益动机。生活或生存是人的存在的根本性问题或第一问题，任何语言或规则都必定服务于人的生活或生存需要，也因此，任何语言或理论都无法确切地解决生活实践问题。而生活是复杂的，人的理性不可能完整地评估某一行动所形成的长远利弊；也就是说，人经常是短视的利益考量者，所以问题的关键在于生活并没有构建起道德规范与利益获得相挂钩的机制。但是，并不能因此而无视道德规范教育的积极作用。诚信故事中不乏因诚信做人所带来的人生成功典型案例，也不乏因失信而造成的人生失败典型案例，选好典型案例，是增强道德故事的感染力，引发深刻思考，促进个体感知的丰富性和深刻性，增强教育实效，提升个体道德行动选择的反思性和道德规范的指导力的关键。

二是要加强道德实践或道德行动教育，并在道德实践和行动中强化道德规范认知。道德语言或规范不可能完全与道德行动或道德实践相一致。知与言的统一总是存在难题，因为知与行具有不同的逻辑：知识或理论是以语言形式表现的，而语言存在自己的语法规则，既无法详尽概括所有的实践行动，也无法描述任何实践行动的所有细节；行动或实践则是基于生活或生存的实际需要，具有创造性，难以与语言保持完整的对照。当然，道德终归要落脚于践行，没有道德践行的道德认知只能停留在语言层面。尽管人不可能完全按照道德语言进行道德生活，但人总是存在道德反思的可能，并且在反思中改进道德行动。因此，道德教育既不完全是道德规范语言的教育，也不完全是道德行动实践的教育，而是需要在道德实践中加强道德反思，改进和完善自我道德认知并付诸实践的教育。只有经过实践的道德认知，获得具身性的体验认知，才能从道德故事中获得道德同感性。但遗憾的是，学校道德教育总是存在"两张皮"现象：一方面注重空洞化的道德语言教育，花了不少精力进行说教；另一方面也注重道德行动和实践教育，却缺乏在道德实践中加强反思性的道德语言教育。从这个意义上说，道德说教并非完全没有效力，关键在于说教是否具有语言艺术和精神冲击力，是否能够增强语言情境的可感知性和行动实践的可感知性。行动实践在道德育人上是否具有可感知性，既取决于道德行动或实践的深化，也取决于道德反思的深度。道德实践教育并非任意的教学选择，对学生开展什么样的道德实践教育是值得思考的。脱离生活的或虚伪的道德实践，是无效的，甚至会产生负面效应。因此，开展道德实践教育绝不是简单地按照某一道德规则或信条进行相应的活动教育。具有特定指向或目标的道德实践活动，往往走向表演式的活动。实际上，道德教育在日常生活中无处不在。道德的核心在于自我与他者、自然及社会的关系规范，道德教育的关键就是促进学生形成正确的关系认知。因此，道德教育应当紧紧围绕道德关系的规范问题，善于在生活细节中进行道德反思教育。

　　道德规范是生活的基础，缺乏规范，生活必然出现混乱。遵守道德规范是人们日常行为的基础。但人们不可能随时参照具体的道德规范进行具体的行动，而是依照既定的结构性道德常识或良知来行动，这实际上就是道德习惯的力量。但是道德习惯并不必然是有效的，或者说，道德习惯也会经常遭遇冲突或困境，因为个体的道德习惯并不能保证个体正面相遇的他者具有同样的道德习惯，或者说道德习惯也会因遭遇具体的道德情境而发生冲突，或者道德习惯在利益冲突引发纠纷时或误解时也会丧失效力。因此，只有提升道德境界或修养才能从根本上超越道德规范。所谓超越，并非个体遗忘了道德规范，而是在与他者的道德冲突关系中超越了自我或者牺牲了自我。如果道德行为的产生存在外在的功利动机，就很难成其为道德。正如康德所说，真正的道德是没有功利的。任何外在的动机是不可靠的、不稳定的，无法成为人的内在的道德自觉。依赖于外在功利，人必然容易为外物所异化,很难回归真正的自我。当然这是从理想形态上而言的,现实生活中很难有无功利动机的生活。人是追求功利的动物,每个人都具有自我的功利追求,但问题在于,人们对功利的追求并非具备各自的空间或相安无事,自我的功利追求经常与他人的功利追求相冲突,因此才需要有道德超越。超越功利或牺牲功利的追求,归根结底是超越或牺牲自我。外在世界构成对人的世界的形塑,人其实能超越的并非物质世界,而是人的自我的欲望与认知。所谓道德超越,其实是在牺牲欲望中获得自我认知的突破,达到物我两忘的境界,至少能够找到正确的认知定位。

但道德修养作为一种精神境界,不同于道德规范所具有的外在命令性和强制性,它在于内心的自我修炼和提升。因此,道德修养教育必然存在相当的难度,但并非没有可行的方法。精神或思想的修炼,对功利的超越或对欲念的放弃,归根结底需要心灵的顿悟,但并非来自冥思玄想,而是来源于实践中的思想修炼。佛教中提倡的清静虚无式修身,不能说不是一种好的方法;审美教育则通过审美的无功利性,确立崇高的东西,超越低俗的东西,引导道德的境界提升。确实,放弃某些东西或确立崇高的东西才能获得对功利性的超越,达到精神的自由,但道德修养更需要实践的锻炼。道德修养不能脱离道德规范而遵守过程中的习惯养成,更不能脱离道德实践与行动;没有经历道德实践,尤其是没有经历道德冲突,所谓的道德超越就不可能实现。道德冲突或道德磨砺才是提高道德修养的根本路径,只有经历反复的道德磨砺或长期的修炼,道德境界才能获得渐进性的提升。

为此,道德修养教育就需要注重利用道德冲突时机开展。没有交往与冲突,就没有道德的形成。所以要注重道德实践的教育,不仅要强调实践中的"做"或道德践行,而且还要提供更多的道德交往与实践机会或场景,甚至通过制造道德冲突的场景来加强道德教育。生活就是最好的道德教育,生活交往中的自我定位、矛盾与冲突的处理或调整,都是促进个体道德反思与调适或改进的最好教育。可以说,生活或实践的教育是一种自我教育。个体在实践中不仅构建了自我认知,也同时构建了集体生活模式。传统教学方式的问题不仅在于对能力培养的轻视,还在于减少了道德自我教育的空间。当然,道德自我教育也不是完美的,作用也不是无限的。个体道德自我教育的效果,或者是经过不断的调适或修炼获得正确的自我认知,并付之于具体的道德行动;或者是形成道德认知偏差,没有获得正确的自我认知定位,进而实施偏离性的道德行动,产生道德失范现象和不良品质。因此，道德的外在教育依然很重要。一方面通过他人的说服性教育，促进个体纠正自我的道德认知偏差，或通过他者的牺牲性道德教育，促进个体的愧疚性与负重性反思，唤醒个体道德良知；另一方面通过外在的强制性道德规范或道德命令，规范个体的道德言行。此外，榜样塑造与精神引导，或构建道德价值秩序的表彰与惩戒机制，也是道德修养教育的重要方式。

当然，并非所有的道德修养提升都是通过自我教育或外在教育而获得的。道德规范的超越行为或道德牺牲行为也可能来源于道德情感或血性，比如舍己救人、杀身成仁等行为更多地与血性密切相关，并非是根据道德理性的思考或选择进行的相应行动。牺牲自我，成就他人，肯定是崇高的道德境界，但一定不是社会对个体的道德要求。同时，道德超越也同样并非一定是道德理性反思的结果，更多与人的志向和格局相关：大志向大格局，意味着强大的自我的确立，也就越能超越他者，实际上也就超越了自我。所以立志教育很重要。但就日常生活而言，经由修炼而获得不断的道德修养或境界的提升最具有教育意义或价值，因为道德主要是用来调节日常生活关系的。远大的志向和博大的胸怀毕竟不是社会的道德常态，血气或情感对道德的激发或生成则具有偶然性，平常的道德修炼才是道德生活的常态，也因此更具有珍贵的价值。因此，倡导崇高的道德或褒奖牺牲的道德固然是需要的，但更需要倡导的是道德修炼，尤其是日常生活中的点滴积累以及相应的不断的道德提升。

四、作为思想与道德发展基础的心理健康教育

皮亚杰的认知心理学认为，儿童是认知结构的自我建造者，认知是个体与环境经由动作相互作用的产物，包括图式、同化、顺应、平衡四个过程，并认为心理发展具有感知运动、前运算、具体运算、形式运算四个阶段。同时，他认为儿童的道德发展也是人与社会相互作用的结果，不仅取决于儿童对道德知识的了解，更取决于儿童的道德认知发展，并把儿童道德发展分为四个阶段，即自我中心阶段或前道德阶段、权威阶段或他律道德阶段、可逆性阶段或初步自律道德阶段、公正阶段或自律道德阶段。从这个意义上说，儿童的心理认知出现问题就在于同化与顺应出现问题，以至于无法取得新的平衡；而道德之所以出现问题，也在于道德认知出现偏差，无法在他者关系中实现同化与顺应及获得新的道德认知平衡，或者

说，无法达到道德自律阶段。

可见，正确的心理认知是健全人格发展的基础。人是环境的产物，又是与环境相互作用而主动建构的产物。人是社会关系中的存在，既是他者目光下的存在，又是主动建构自我的存在。中小学生的心理健康问题，大体上来源于四个方面：一是他者给予的情感伤害，导致个体心理认知无法实现同化、顺应并取得平衡，导致情感崩溃或受损。比如，家庭矛盾、暴力或冷漠等问题导致孩子缺乏关爱，或对情感产生失望，造成孩子心理受到创伤。或者受到同学或他人的侮辱、欺凌以及不友好的对待，出现心理创伤或无法释怀，进而产生心理问题。家庭或周遭的情感态度，促使个体在他人身上产生同样的心理投射。二是自我期许与实际结果落差大，或自我追求失败导致自我满足无法实现，心理无法实现自我调适并取得自我平衡。比如学业压力过大，导致个体不堪重负，产生学习焦虑，严重的则无法获得自尊，情感受到压抑，对生活失去意义，逐渐产生心理失衡。根据一项调查显示，在学业压力过大的情况下，学生心理健康问题首先表现为学习焦虑，其次分别为过敏倾向、自责倾向、身体症状、对人焦虑、恐怖倾向、冲动倾向、孤独倾向等。① 三是在与他者的关系中产生心理认知偏差或扭曲。经常以自我为中心处理与他者的关系，无法实现同化与顺应，逐渐产生心理认知偏差。四是来自网络的虚拟世界的诱惑。由于长时间的浸润，对虚拟世界产生心理上的向往，以至无法区分虚拟与现实。这四种现象值得关注。

前两种现象是社会问题造成的，第三种现象则比较隐蔽，但都与家庭教育问题密切相关。父母离异、家庭暴力是社会问题的直接体现，也是社会经济快速发展进程中现代性问题传导的结果。社会竞争加剧，就业压力增大，优质教育资源紧张，以及对独生子女教育的要求与期待，直接强化了家庭的教育焦虑感。家庭矛盾、家庭焦虑及其家庭教养问题，是孩子心理问题形成的根本原因，或者说，绝大多数孩子的心理问题产生于家庭矛盾或家庭教育。此外，学业负担及由此产生的焦虑、考试竞争压力以及校园欺凌等问题也是孩子心理问题形成的来源。当然，中小学心理健康教育也存在相应的问题，比如，师生关系紧张，关爱教育缺失；教师全员参与的心理健康教育工作机制还不健全，心理健康联防联控机制还不够完善，家校合作缺乏深入；应试教育不断加剧，素质教育没有得到真正体现，挫

---

① 卫萍. 中小学生心理健康状况的调查分析与教育策略 [J]. 教育研究与实验，2017（2）.

折教育缺失；心理辅导还不到位。

从上述四种心理问题来源看，中小学生心理健康问题很大程度上表现为情感问题，也表现为心理认知问题，但主要表现为情感问题。无论是情感问题还是心理认知问题，很大程度上都来自于家庭问题。对于学校来说，家庭矛盾与情感问题并不好干预和控制，但并非无所作为。学校心理健康教育虽然需要加强家校沟通与交流合作，但调解和缓解家庭矛盾、促进家庭情感舒缓，并非是有效的路径；同样，对于家庭的养育方式，虽然也可以通过家长学校教育改变一些家长的教育观念，但也并非为最有效的路径。学校心理健康教育必须针对心理问题产生的根源及心理症状表现，采取有针对性的策略，并加强方式创新。

解决心理健康问题，关键是要解决好情感问题，或者是要解决好心理认知偏差问题。但从现有心理健康教育政策来看，主要还是以心理育人体系构建为主要目标、以课程建设为教育实施主要渠道、以阵地建设与心理教师队伍建设为主要抓手、以强化组织领导以及社会支持服务体系建构为重要保障。[①] 其中，心育体系包括班主任工作、家校联系、通识培训、学科教学、技能支持、心理咨询等教育方式。从这些政策看，心理健康教育虽然构建了积极的教育与预防干预体系，并且看起来比较完备，但没有从根本上抓住学生心理健康问题产生的根源或心理健康问题的本质性要素，预防和治疗也未必非常有效。

情感受到创伤或缺乏关爱，如果得不到来自他者的补偿，心理必然产生问题。同样，心理认知出现偏差，如果得不到其他环境的有效纠偏，心理也同样产生问题。从这个意义上说，学校心理健康教育的重点不应当是某种治疗或辅导，而应当是一种心理或情感的疗伤，或认知的调适纠正。因此，学校心理健康教育其实并非完全是一种心理教育技术问题，更不是心理健康知识教育问题，而是一种情感投入问题，无论是情感疗伤还是心理认知纠偏，都需要从情感投入开始。心理疏导只能解决一些小的心理问题，严重的心理问题并非疏导所能解决，而是需要获得情感的补偿。而且，由于情感创伤与心理认知偏差问题是一个长期形成的过程，因而心理健康教育也是一个需要长时间情感投入的过程。因此说，心理健康教育更应当是一种积极的教育。

---

① 谭鑫，彭玮婧. 我国中小学心理健康教育建设的省际政策比较——基于31省份中小学心理健康教育实施方案的文本分析[J]. 湖南师范大学教育科学学报，2021（1）.

加强学校心理健康教育,首先要加强心理健康教育师资队伍建设。学校应当将心理健康教育始终贯穿于教育教学全过程。为此,应当实施教师全员心理健康教育培训计划,提升所有教师的心理认知水平和心理健康教育水平,构建全体教师共同参与的心理健康教育工作体制。学校现有的心理健康教育工作体系,重点以专职心理教师、班主任、团队干部为队伍骨干,实际上是有问题的。每一个学科教师都应当成为积极心理健康教育的建设者和学生心理问题的疏导者,因为他们往往是学生心理问题的第一发现者。这对学科教师的心理认知水平提出了更高的要求。事实上,学科教师的心理知识和技能也是学科教学的必要素养或能力,因为学科教学必须遵循学生的心理发展和认知特点。一个教师如果不能观察到学生的心理或情绪变化,不知道学生在想什么,不掌握学生在哪些学习细节上存在认知障碍,即便是教授知识,也无法进行有效的教学。同样,一个教师如果不能及时发现学生的情绪或心理波动问题,不能有效激发或调控学生的情绪,不能走进学生的心理世界,很难说能够上好一堂课或达到育人的目的。况且,教学毕竟是一门情感交流的技能或艺术,而不是单向的、无情感的知识传输。

开设积极的心理健康教育课程是必要的。心理健康教育队伍建设是保障,课程建设是载体。心理健康教育课程建设的重点在学科课程,这倒不是要求学科课程直接灌输心理健康知识,而是要求学科课程教学改变方式方法,打造宽松的教学环境,采用深入浅出的课堂教学,并能够适时调控学生的情绪和心理。同时,还要加强心理健康教育与思政课、综合实践课、劳动课、体育课、艺术教育课、班团队活动、生涯规划等课程的整合,打造积极向上的教育活动课程。并在这些课程的融合中,开展心理健康专题教育活动,强化挫折教育和奋斗精神教育,开展必要的心理健康专题教育。此外,要优化教育资源社会供给,构建学校、企事业单位、社区、校外活动场所合作开展文体娱乐、心理素质拓展活动的有效机制。在加强心理健康教育课程建设的同时,应当营造好紧张而又活泼的学习环境,减轻学生学习的精神负担。学业负担过重是造成学生心理问题的一个重要原因。学业负担过重,必然产生精神焦虑和紧张,同时减少了参与其他活动的机会,进一步堵塞了心理释放的渠道。比如参加适当的体育锻炼或文化娱乐活动,有助于释放心理焦虑,获得积极的心理品质。牺牲学生的活动时间或玩耍时间,不仅不利于提升学习品质或改善学习情绪,而且也不利于心理的健康发展。特别是学习困难学生,学业的失败导致自尊感缺失，缺乏教师和同伴之间的认同，容易增进自卑感，进而产生心理问题。因此，需要推进学业减负行动，确实减轻学生的学业负担，更好地发展综合素养。减轻学生的学业负担，并不只是表现为优化或减少作业量问题或降低作业难度问题，虽然作业量大、偏难的问题确实增加了学生的学习负担，导致睡眠不足，并进而影响到学生的身体发展与心理发展，而且更主要表现为讲授过深或过难的知识，或者教学方式不当，课讲得不明白，令人枯燥乏味或不得要领，增加了学生学习的精神负担。而且，即便讲得清楚，但每个学生的认知毕竟存在差异，领会能力有快有慢，素养发展有先有后，因此总是存在一定的学习困难生，或者说每个学生或多或少总是存在某些知识领域的学习困难或认知障碍。为此，必须建立学业困难、心理疏导个性化帮扶机制。此外，完善校园欺凌治理机制也非常重要。受过欺凌的学生或多或少都存在一定的心理障碍问题，因为欺凌直接侵犯了人的尊严或自尊，使得个体难以获得正确的心理认知。

其中，重点是优化师生关系。师生关系紧张很多时候是引爆学生心理问题的导火索，而且也是造成学生心理问题的潜在因素。优化师生关系，不仅要减缓师生间的对抗、冷漠或紧张关系，更重要的是要增进教师对学生的关爱。做学生思想工作是教师育人的重要职责，但仅仅做思想工作还是不够的，尽管学生思想工作与心理教育工作有内容的交叉，但毕竟两者还是存在差异的。思想问题主要不是一种情感问题，而是认识不到位、不透、不深或有偏差的问题。当然，在世界观、价值观、人生观上出现认识问题，则也可能来自心理认知偏差。心理问题部分来自认知的偏差，比如对他人、对社会产生怨恨、不满甚至敌意。在关系处理中心理认知出现偏差或错位，主要还是情感问题。因此，不能用思想工作代替心理关爱教育，而关爱教育则可成为思想工作的基础。关爱虽然表现为情感活动，但并非是情感的喜好问题，而应体现为具体的行动。它表现为通过沟通走近学生的世界，接纳与理解学生，在理解中认同学生，进而给予学生应有的尊重。关爱并不是盲目的情感投入问题，只有在理解、认同和尊重学生的基础上，才能进一步做到关爱学生。走近学生、理解学生、认同学生、尊重学生、关爱学生，不仅是积极心理健康教育的重要内容，也是全部教育的重心。

学生心理健康问题除来自家庭及学校教育外，也在某种程度上来自社会。但这并非社会本身的问题，而是个体对社会的认知问题。这种意义上的心理问题就不完全是一个心理疏导的技术问题或情感教育问题。应该说它既是一种思想认知问题,也是一个审美超越问题。因此,心理健康教育不仅仅是作为思想教育的心理机制,而且需要与思想教育相配合,与审美教育相配合。美育历来为人所推崇。蔡元培主张以美育代宗教。他有一段话说得很精彩:"我们提倡美育,便是使人类能在音乐、雕刻、图画、文学里又找见他们遗失了的情感。我们每每在听了一支歌,看了一张画、一件雕刻,或是读了一首诗、一篇文章以后,常会有一种说不出的感觉;四周的空气会变得更温柔,眼前的对象会变得更甜蜜,似乎觉得自身在这个世界上有一种伟大的使命。这种使命不仅仅是使人人要有饭吃,有衣裳穿,有房子住,他同时还要使人人能在保持生存以外,还能去享受人生。知道了享受人生的乐趣,同时更加知道了人生的可爱,人与人的感情便不期然而然地更加浓厚起来。"① 席勒也主张用社会精神,包括文学、艺术等审美的东西,来内化人的精神世界。从这些主张看,审美教育的目的在于以美好的东西、主要是情感性的艺术美感,来陶冶人们的情感和情操,提升人们的精神境界,超越功利性的东西。审美的崇高为人的精神境界树立了高尚的人格榜样,审美教育不可或缺。缺失了审美教育,个体的情感必定为不美好的东西所占领。但是,审美教育并不能解决人的生存或生活问题,崇高的东西也不一定能驱走功利性的追求。心理健康问题终究是一个情感的问题,审美教育可以带来某种美好的情感欣赏或寄托,但是否能治疗人的情感创伤则没有必然性。情感的补偿与情感的寄托不可相提并论。从这个意义上说,审美教育很可能成为心理健康教育的一种疗伤的技术。

当然,在情感缺失的情况下,情感的外在寄托也可以成为一种重要的替代品,关键在于如何让审美的情感成为灵魂的内在性的依托。这就需要把外在的审美变成人的内在的精神需要,成为人的审美兴趣的需要。因此,对"兴趣"的认识必须提高到一个新的高度,不能仅仅把兴趣看作个体学习的动力来源,而是应当把兴趣看作生活的重要内容,是情感的重要载体,是美好生活追求的重要力量。艺术兴趣、体育兴趣、科学探究兴趣等,是人的心理健康的重要保障。推进积极的心理健康教育,必须高度重视对学生各种兴趣的培养,应当把兴趣培养作为学校办学绩效考核的重要指标。

在推进积极的心理健康教育的基础上,还应当健全心理健康预防干预

---

① 中国蔡元培研究会主编. 蔡元培全集(第6卷)[M]. 杭州:浙江教育出版社,1997:614.

机制。首先是要健全学生心理健康问题筛查与早发现、早干预机制。这方面没有技术上的问题，关键是发现心理问题后如何早干预。有必要根据心理健康问题严重程度进行分类干预，比如：完善联防联控机制，完善学校、社区和家庭结对帮扶机制，完善学校教师、同伴与心理问题学生的结对关爱机制；借助大数据分析，协同公安部门构建网迷预防、戒除机制。同时要加强学校心理辅导室建设，加强一般心理健康问题学生的心理疏导和教育。

总之，心理健康教育需要专业的技术，比如筛查和治疗干预等技术，但更需要的是情感关爱与全体教师的投入，甚至是整个社会的关心。学校或教育的作用毕竟是有限的，它们有自己专业职责，但有时候被承载了过多的功能或任务，或无法承受的功能和任务。学生的心理健康问题，很多时候来自家庭，实际上也来自于社会。社会问题带来了家庭及其教育问题，进而传导到学生身上。在现代化进程中，资本对社会和家庭的异化、社会竞争的加剧、新技术对教育提出的挑战以及教育本身优质资源匮乏和不均衡现象，加剧了家庭的教育焦虑。从很大程度上讲，学生心理健康问题变成了一个社会问题。家庭问题和社会问题带给学校教育巨大的压力。虽然家校合作也是学校应当承担的教育职责，但很多时候学校教育无法担当起家庭教育应当承担的职责，并且也不可能有效地帮助解决家庭问题以及对家庭教育实施有效的干预。当然，学校不能因为家庭教育的失败而放弃自己的教育职责。所谓有教无类，不仅是说，教育不能区分孩子的出身，而且意味着，不管什么样的孩子进入学校，学校都有责任履行自己的职责，教育好每一个学生。家庭矛盾与家庭教育问题都不是孩子的过错，孩子是无辜的，他们有成长为人的需要。学校不能因为家庭及其教育问题而把孩子教育推给家庭，或推卸和放弃教育学生的天职。只不过，在心理健康教育上，学校更应当发挥和运用好自己的教育教学技术专长并实施专业化的教育，坚持育人为重，而不是简单地试图解决家庭及其教育问题。

五、思想政治理论课程建设构想

习近平总书记在全国教育大会上指出，培养什么人，是教育的首要问题。培养担当民族复兴大任的时代新人，培养德智体美劳全面发展的社会主义建设者和接班人，是教育的根本任务。思想政治理论课是落实立德树人根本任务的关键课程。习近平强调："要在坚定理想信念上下功夫，教育引导学生树立共产主义远大理想和中国特色社会主义共同理想,增强学生的中国特色社会主义道路自信、理论自信、制度自信、文化自信,立志肩负起民族复兴的时代重任。要在厚植爱国主义情怀上下功夫,让爱国主义精神在学生心中牢牢扎根,教育引导学生热爱和拥护中国共产党,立志听党话、跟党走,立志扎根人民、奉献国家。要在加强品德修养上下功夫,教育引导学生培育和践行社会主义核心价值观,踏踏实实修好品德,成为有大爱大德大情怀的人。"① 这是思想政治理论教育的核心任务和主要课程。

结合中小学课程设置来看,思想政治理论课程具体包括五个方面:一是马克思主义基本原理;二是马克思主义中国化理论与实践探索以及习近平新时代中国特色社会主义思想;三是爱国主义教育;四是社会主义核心价值观教育;五是道德情操教育。其关涉的课程包括历史教育、法治教育、心理健康教育等。显然,思想政治理论课的内容非常丰富,为此,有必要聚焦于思想教育主线,加强课程内容统整,构建以习近平新时代中国特色社会主义思想为主线的思想政治理论教育主题课程。

从思想政治理论课程的内容来看,思想政治理论课教学必须采取分类实施的办法。马克思主义和中国特色社会主义理想教育,应当侧重于理论的思辨分析,侧重于马克思主义中国化或中国特色社会主义的理论与实践逻辑的分析。理论逻辑的分析,要结合马克思对西方现代性或资本主义的批判,把握社会主义和共产主义远大理想的科学性,要结合近现代中国现代化探索的理论设计及其历史局限,把握好社会主义道路的历史必然性、科学性,把握好区别于西方现代性的中国现代性方案的科学性及其根本追求。实践逻辑的分析,要结合近代以来中国现代化的实践追求及其存在的问题,结合中国改革开放以来的伟大实践,特别是要结合以中国现实问题解决为主旨的阶段性政策设计与实践行动,以及中国特色的实际问题解决策略和路径,把握好中国特色社会主义不断发展的实践逻辑。对于理想信念教育而言,理论思辨和理论逻辑分析是根本的教学方法,尽管也需要采取实践现象分析、视角直观、活动体验等不同的教学方法,但归根结底要增强思想的逻辑思辨。增强理论的思想性和亲和力,是思想政治理论课教学的根本要求。增强理论的思想性,就必须把握并讲透理论的逻辑性;增

---

① 习近平. 坚持中国特色社会主义教育发展道路 培养德智体美劳全面发展的社会主义建设者和接班人 [J]. 人民日报, 2018 – 9 – 11.

强理论的亲和力，就必须改变理论的话语方式，注重以生活实践事例为主，采用深入浅出的生活语言提升理论的感染力，注重以故事讲述或叙事的方式，增强理论逻辑的感知性。

爱国主义教育，应当侧重于情感的激发教育和实践行动教育。从内容来看，主要包括四个层面：一是国家认同，特别是国家理想与奋斗精神的认同、国家发展道路与政策的认同；二是对国家现代化建设、城市建设与发展未来的关心；三是对中华民族优秀传统文化的热爱与认同；四是树立远大理想并为之努力实践。不同的内容需要采用不同的教学方式。一是结合中国近现代以来的现代化道路探索历史，创新视频、电影、参观体验等教学手段，开展国情国史教育，激发国家认同感，激发学生对国家的热爱。二是结合改革开放以来的伟大实践成就，采用参观、实践活动等形式，增强学生对城市和国家建设的关心和热爱。三是结合传统文化课程开发和节假日教育活动，采用经典阅读、表演、书法比赛等形式，激发和培养学生对传统文化的认同和热爱，以民族精神培养学生。四是在日常生活和学习中，帮助学生树立理想和培养学生艰苦奋斗的精神。

品德修养教育，应侧重于日常行为的养成教育。重点是要培养学生良好的日常行为习惯，自觉遵守道德规范，并在与他人和社会的交往中，获得正确的自我认知，养成诚信、谦虚、正直以及关心自然、社会和他人的良好品质。显然，道德是在与他者的关系中获得的自我认知及其行为实践。因此，道德教育需要加强道德榜样、道德集体环境的塑造，加强道德奖惩制度建设，增强道德行为对错的感知性，更需要加强道德实践教育，从道德他者参与的道德关系或交往实践中调整自我，形成正确的道德自我认知及规范性的道德行为。为此，道德教育除了必要的价值澄清法和奖惩机制外，更主要的是注重日常生活实践细节的教育。为了扩大道德教育的时空，一是要改革学科教学方式，减少知识传输式教学，增强以探究和活动为主的合作式教学；二是要深化主题式的专题活动教育课，优化活动课设计，既要注重合作的内容设计，也要注重冲突交往的内容设计，以增强道德关系调适的实践机会；三是要充分利用日常生活，注重细节养成教育。

思想政治理论课是立德树人的关键课程，但思想政治理论课并非表现为一门课程，而是一个综合和系统的课程安排。所谓课程思政化，表明思想政治理论课建设需要统筹所有的学科课程和活动课程，构建共同育人的课程格局。从学校课程体系看，有两个方面需要加强统筹：

一是加强与心理健康教育、劳动教育、体育、综合实践课、生涯规划教育等课程的统整融合。所谓统整融合，是指他们在共同的育人指向上存在一定的内容交叉和重复。因此，需要整体统筹安排，明确和突显各自的内容重点。心理健康教育需要在自身教育内容和功能上有所调整和突出，以更好地服务于思政教育。个体的思想意识出现问题，实际上就是个体的认知出现偏差，包括与他人的关系、与自然的关系、与社会的关系认知出现了偏差。之所以会出现偏差，归根结底在于个体没有获得他者或集体的认同，包括来自家庭和社会的认同，以及个体缺乏适当的调适能力。按照这个观点，心理健康教育就不仅仅是心理问题出现后的矫正教育问题，而是要在个体与他者关系链上以及自我认同感上加强教育。劳动教育也不仅仅是训练人的身体与感官发展的教育、促进学生综合素质发展的教育，更应当是一种生活方式的教育和劳动精神培养的教育。培养良好的劳动习惯和劳动精神，本身就是自我认知教育的重要内容。体育也不仅仅是训练身体的教育，以体育心、以体育德对思想政治教育至为重要。同样，生涯规划教育，既是一种职业体验教育，更是自我认知和自我职业规划的教育，有助于学生在社会生存中找到自我定位。综合实践课的内容广泛，但道德实践活动和社会实践活动本身就是思想政治教育的内容或方式。

二是要注重发挥学科课程的思政育人功能。学科课程具有自身的特定教学内容，既注重知识或能力的培养，也注重价值与情感的培养。从知识教育的角度看，其目的既是为了促进学生获得知识，从根本上也是促进学生更好地认知世界，进而更好地认知自我。把世界作为认知对象并非是教育的根本目的，认知世界是为了更好地构建自我的认知世界。更不必说，学科课程本身也是注重价值与情感的过程性教育。这种过程性的价值与情感教育不单是就课程内容本身而言的，而且更是就课程教学对人的学习态度、学习精神、合作精神及品质的培养而言的。因此，发挥学科课程的思政育人功能，既要挖掘学科课程内容的思政育人资源，更要重视学科课程教学的过程性价值。实际上，学科课程核心素养的培养，不仅是认知能力的培养，还包括生命观念、社会责任等思想或品德方面的育人。以普通高中学科核心素养为例，语文学科的审美鉴赏与创造素养、物理和化学学科的科学态度与责任素养、生物学科的生命观念素养、历史学科的历史价值观素养等，都要求贯穿于学科教学的所有环节和过程。而且，很多的学科教学活动都内在地包含思政育人的要素，比如地理学科的研学旅行活动、地理考察活动，自然学科的生命教育与环保教育活动，历史学科的历史遗迹观瞻或人物故事学习等内容的教学，既是知识或能力的培养，也是思想育人、价值育人的教育；甚至说，有些学科或学科的很多教学内容，本身就是一门思想政治教育课。可以说，学科课程的思想或品德育人效果，很多时候比专门的思想政治理论课的育人效果还要好，因为学科教学的内容具体并具有情境性，往往能达到润物无声的育人效果。但是，也要防止学科课程盲目的或牵强式的思想育人资源的开发，不能因为思想育人而遗忘了学科课程本身的教学特点。当然，任何学科课程毕竟都来源于生活，只要我们的学科教学回归生活，回归学科自身特点，回归学科核心素养培养，就必定可以在教学过程中实现思想或价值育人的目的。事实上，学科核心素养本身就在很大程度上指向了思想育人，比如说地理学科的人地协调观、历史学科的历史观念与历史理解、生物学科的生命观念、化学学科的科学精神与社会责任、语文学科的审美与文化理解等核心素养培养，无不是直接的思想育人。

思想政治理论教育需要有资源和机制建设作为保障。一是要在学科思政基础上，整合历史、传统文化教育等课程，系统开发以习近平新时代中国特色社会主义思想为主线的精品思想政治理论课程，注重以艺术、信息技术等手法，深化思想政治理论课程的表现形式和实施方式。二是要整体统筹劳动教育、心理健康教育、体育及生涯规划教育，规划好各相关学科教学的重点或特色，共同构建大思政课程教育格局。三是要创新社会资源利用机制，把博物馆、图书馆、美术馆、艺术基地、各种德育和社会实践基地以及企业生产场所等资源纳入学校教育课程资源体系。

第五章　传统经典作品育人向度及其课程建设

　　加强中华优秀传统文化教育是落实立德树人根本任务的重要体现。在传统文化经典作品的教育上，无论是开发读本、编写课程，还是改进教育教学方式方法，中小学校都有广泛的实践探索。显然，传统文化经典作品的教育功能不仅在于传承中华文明，而且还在于以文化人，培育时代新人。但问题是，传统文化经典究竟如何育人，即育在什么方面以及以什么教学形式育人。比如，是教授知识或思想，还是培育学生的审美素养、道德素养或精神气质，是采取直接传授、讲述还是其他的教学方式方法，仍然需要进一步的思考。从传统文化经典蕴含的精神主旨表达来确定其育人向度及其相应的教学方式，应该是一种可信的思路。如何划分传统文化经典可能蕴含的精神主旨？笔者认为，传统文化经典作品至少包括审美意象、道德形象与精神境界三类主旨塑造及育人向度，并需要据此采用相应的教学方式。当然，传统文化经典作品中也不乏关于自然世界、政治社会思想的阐述。此处主要是从个体层面进行划分。中华优秀传统文化作品蕴含着中华民族和中国人的审美的、道德的、精神的追求，经典作品育人不仅要读懂中国人的审美、道德与精神气质，而且要传承、弘扬民族的审美、道德与精神追求。

一、传统文化经典的审美意象及其育人向度

　　传统文化形式丰富，内涵博大精深，但任何经典作品，不管是理性的还是感性的文化，都是人的生活创造，都是人在特定时空中对社会和世界构建的实践的反思、情感的抒发和想象，归根结底是对人性的或生命的审美想象：或爱与恨、恐惧与洒脱、忧伤与欢喜、焦虑与淡泊；或人性的崇高与卑微、美好与丑陋、伟大与平凡；或生命的有意义与无意义、丰满与虚无、永恒与无常、希望与失望、进取与退隐、超脱与颓废。也就是说，任何文化作品都具有一种审美意象的塑造。《周易·系辞》记载的"书不尽言，言不尽意""圣人立象以尽意"言之有理。既然语言总是无法尽意，不如借助"象"留给人无限的想象。

以文学作品为例。诗经中的《关雎》《桃夭》《蒹葭》等篇章以植物为意象,歌咏美好的情爱;"巧笑倩兮,美目盼兮"构成经典的美人形象;《鸿雁》《式微》等塑造了劳动者的哀怨、愤懑的意象。屈原的《离骚》大量采用比兴手法,以花草、禽鸟等为审美意象,以"香草美人"的高洁传达了自己九死不悔、忠贞不渝的精神。但《天问》却不是问天,而是理想之问:屈原没有看到庄子眼中的恶,也没有看到世间的荒谬,他相信君子道德与王道,但现实又无法释怀,因此就有了既相信又无法相信儒家信念的悲愤。① 从"对酒当歌,人生几何""人生若尘露,天道邈悠悠"到"烈士暮年,壮心不已""昼短苦夜长,何不秉烛游",从表面的洒脱放浪或慷慨意气到内心的苦闷徘徊或退隐田园、休息灵魂,标志着魏晋时代人的觉醒及对人生意义的重新发现与探索。② 在或笑或哭、或进或退的矛盾态度中,展示了凄凉或无奈中的悲壮或淡泊,构成了魏晋风度的审美高度。文学也是时代精神和文化的反映。以张若虚《春江花月夜》、王勃《送杜少府之任蜀州》为代表的初唐诗歌,虽然也有愁与思,但却是少年意气、轻盈高亢;"花落知多少""天下谁人不识君"到"古来征战几人回""春风不度玉门关",其清新壮怀,完全没有了魏晋时代的哀伤之感,充分体现了钱钟书在《谈艺录》中所说的丰神情韵之调和盛唐之音。③ 边塞烟漠、山水田园、风花雪月、春夏秋冬,不再是美景的自然描绘,而是青春理想的恣意、指点江山的笑傲。"人生得意须尽欢""千金散尽还复来",写尽了李白的失意和对虚无的感叹。满腹才华的自信却偏偏怀才不遇,对命运的不甘和渴望入世,固然可以用"古来圣贤皆寂寞"来聊以慰藉,但终究难解寂寞,施展心中抱负的梦想总是时刻在纠缠;醉眼朦胧后又无法忘却政治,唯有暂时的麻醉才能消除清醒的愤懑和苦恼。《将进酒》要表达的并不是一个人的悲剧,而是对美好生活思考的诗化哲学的审美。当然,晚唐的诗歌寄情深微,笔调艳丽,或是幽怨悱恻、惆怅失意,或是萧瑟憔悴,抑或是苦难苍桑的悲痛。唐诗经常以自然的云、雨、月亮、窗、鸿雁、山水、舟船等为意象,立象以尽意,表达的是生命的情感抒发或寄托,以及人性美好向往的理性思考。同样是情感表达或生活感悟,宋词或清新婉约、含蓄婉转;或豪放激昂、气象恢弘。

---

① 刘小枫. 拯救与逍遥 [M]. 上海:华东师范大学出版社,2007:85-143.
② 李泽厚. 美学三书 [M]. 天津:天津社会科学院出版社,2003:82.
③ 李泽厚. 美学三书 [M]. 天津:天津社会科学院出版社,2003:118-122.

"红藕香残玉簟秋"意象蕴藉,意境幽凉,"月满西楼"则有望断天涯的遐思,景与情的交融抒发了"才下眉头、却上心头"的别后相思。辛弃疾既有"蓦然回首,那人却在灯火阑珊处"的含蓄审美,也有"马革裹尸当自誓"的豪情慷慨和英雄无用武之地的悲壮审美。同样,苏轼之词也有李白等人的抱负理想难实现和心意难平的苦闷,但终究获得了灵魂的慰藉,既有"一蓑烟雨任平生"的豪迈,也有"也无风雨也无晴"的老庄式山水淡泊审美。曹雪芹《红楼梦》的宝黛爱情悲剧、四大家族的荣辱兴衰,描述了什么样的红楼世界?历史的现实构成与人的价值愿望始终存在难以弥合的分裂,曹雪芹并没有走向陶渊明或苏东坡的无情世界,他明知人生无从解脱,仍然希望为无稽的生活找到某种神圣的东西。① 清寂的无情世界太缺乏积极力量,但有情的世界无法战胜世间的恶,② 或许只剩下"白茫茫大地真干净"的纯情审美的寄托。

实际上,不仅诗词歌赋,即使是那些以人物情感与命运选择为叙事线,蕴含着宏阔时代与社会背景的经典小说,也饱含深刻的审美趣尚。《水浒传》中草莽英雄的命运选择,实际上是"路见不平一声吼"的性格与精神如何在传统社会中获得生存的人生哲学。审美归根结底是人性的解析。经典作品教学必须把握好人性解析这一审美主旨。

应当说,传统文化经典作品,蕴藏丰富的审美意象和深刻的审美表达,尤以诗词歌赋为甚。对于传统文化经典作品的阅读及其教授而言,如何把握其中的审美意象,并由此获得灵魂的审美,尤为重要。为此,有必要根据审美情感的类别进行课程开发的统筹。但更重要的是在教学中如何把握好这一点。显然,诗词歌赋的教学不能仅仅停留于优美辞藻或华丽篇章的符号记忆或语言积累,而是要经由与作者和文本的走近,获得个我的生命的、心灵的、情感的沟通,从他者的世界中获得自我的灵魂安顿、慰藉或榜样的人生,进而获得自我的生命塑造。但问题是,个体如何能从经典作品中获得自我的心灵沟通或共感,或者说,个体如何从经典作品中获得自我的审美意识。个体的生活经验或情感体验,必然是心灵共契的基础,但读者与作者之间因为经验的差异也必然存在距离。因此,经典作品教学如何引导读者走向作者的内心世界就显得至关重要。

诗词歌赋等以简洁优美的词句或语言,以象立意,情景交融,构成了

---

① 刘小枫.《拯救与逍遥》[M]. 上海:华东师范大学出版社,2007:224-243.
② 刘小枫.《拯救与逍遥》[M]. 上海:华东师范大学出版社,2007:280-281.

一幅幅审美的立体画卷。然而，画卷的背后却蕴藏着时空下的世间生活与情感。人何以超越历史时空，获得当下化的感悟，固然有赖于人的超验知觉或意向性的存在，即超越在场的意向性构成，但也离不开有效的教学，这是传统文化经典教育需要把握的关键技术。从胡塞尔的意向性理论看，意识存在多面的"侧显"，人经由感知、想象和判断进行不断的视界融合，然而时空的视域融合确实是个难题，既取决于世界多面的"侧显"与个体的具身性感知，也取决于个体经验的意识滞留和前摄（想象）以及交互主体性的言语共通和意义的理解。① 因此，如何增强学生的现象直观并丰富学生的想象，启发学生理解语义，就是教育教学需要探讨的问题。

为此，要促进个体更好地领悟作品中的审美意象，更好地推进审美教育，一是要实现情景或场景的再现。情景包括作品创作的时代背景、人物命运、自然环境、在场场景、人物内心情感等，实际上是一个完整的故事叙述。作品创作的瞬间激发，是既往人生的时间孕育，也是人物命运轨迹的必然与事件偶然的汇合迸发。透视经典作品的审美意象，必然要穿越历史时空，实现当下感知与历史视域的交融，完成对历史情感的想象，当然是通过想象不断地接近历史的情感。通过语言和视觉艺术来表现，诸如故事的叙述或故事的编写、场景可视化模拟以及角色扮演或戏剧化塑造等，都是实现情景再现的可靠技术。遗憾的是，教师们在教学经典作品时往往不太重视情景的再现，忽略必要的情感酝酿，教学活动匆匆奔向作品的语言词句、主题或中心大意。直白地告之可能的真相是一种武断的教学行为，真正可以教授的也许是个体的解释性语言。再现文本历史场景，引导学生的情感想象，才是经典作品教学的真谛。

二是要实现语言的意义返原。任何语言总是寄托着作者特定时空的心情与所思，经典作品的借景，实际上蕴含着或此或彼的感性情感和理性思考。因此，透过语言表面回到意义的深处，是理解审美意象的必要途径。比如，饮酒之词，必然不是对酒作为一种对象的客观认知，而是或慷慨或苦闷等情感的意象，蕴含着情感的独特表达。教学的真谛就在于促进学生透过语言走进栩栩如生的世界，把握作品的意义世界。但问题是，学生的情感体验与作品的审美意象之间总是存在一定的差距。现象直观并不能完

---

① ［美］道恩·威尔顿. 另类胡塞尔——先验现象学的视野［M］. 上海：复旦大学出版社，2012：355-357.

全解决这个问题，因为现象的显现仍然需要语言的图景式构建，而语言总是不能尽意的、存在缺憾的。当然，语言的把握能力至关重要，教师的语言解读更是不可或缺。而教学的作用恰恰在于，通过现象直观、场景体验以及语言解读的交互使用，引导学生在现象与语言之间实现情景交融，不断接近作品的可能意义，并同时建构起自我的审美和意义世界。从某种意义上说，对作品意义世界的解读和领悟，实际上总是自我意义世界的建构。

三是激发学生的想象。审美意象本身就是借助于物与场景进行隐喻式的情感表达或寄托，自然需要经由想象才能获得审美体验。想象是现象直观与语言图景构建之间的桥梁。对作品意义的返原，实际上是我们对复杂场景的想象而获得类似的体验的过程。意义的返原是一个无限想象的过程，我们也正因为对场景的想象构造才获得作品的意义。同时，对情感价值的建构，也自然需要通过自我的意义积累并加以想象才能由此及彼地获得。这种"同情"的过程，除了直观感知和判断外，还需要想象。而且，事实上我们不可能完全回到作品的本来，或者并不存在所谓的作品本来，我们对作品的理解更多地是经由我们的想象进行建构的。从这个意义上说，我们应当激励学生发挥丰富的想象实现自我建构。但想象并非是凭空产生的，教学如何借助场景或情景的显现、情感体验的设置以及语言的阐释，仍然至关重要。引导和激发学生的想象，本身就是一种高超的教学艺术。

二、传统文化经典的道德形象构造及其育人向度

传统文化经典作品中不乏道德形象的塑造。大概诗词歌赋是情感抒发、理想寄托或人生感悟的最佳载体，与此有别，儒学经典则通常以道德形象的构造来传达世间生活教诲。通常，或以道德语言的形式直白地塑造道德形象，或以道德故事的形式经思辨来构造正确的道德形象。比如，《论语》中的"君子坦荡荡，小人长戚戚""君子喻于义，小人喻于利""君子怀德，小人怀土""君子和而不同，小人同而不和"，以对象比较的方式确立了君子的道德形象。《论语·雍也》中的"质胜文则野，文胜质则史，文质彬彬，然后君子"，塑造了文质彬彬的君子形象。合礼、孝悌、爱人、忠恕，是君子的道德修养所为之道。《中庸》提出的"五达道"君子规范，智、仁、勇"三达德"君子美德，以及"慎独自修"

"至诚尽性"的修德等内容,直接阐述了君子的理想人格与修养标准。孟子的恻隐、羞恶、辞让、是非"四端"学说,从道德情感的角度论证了人性善理论,但实际也是儒家倡导的四种德行。孟子的"仰不愧于天,俯不怍于人""穷则独善其身,达则兼济天下",就是孟子所说的"浩然之气",塑造了坦荡荡的君子道德气魄。《大学》主张通过格物、致知、诚意、正心、修身、齐家、治国、平天下八目,达到明明德、亲民、止于至善的道德修养终极目标。总之,儒家经典以显白的语言从道德人格、道德规范、道德标准、道德修养等方面塑造了君子道德形象,集中表达了圣贤的道德教诲。

直白的道德形象塑造主要通过经典名句来实现。当然,道德之理并非总是直白无误的或确定无疑的,也必然存在冲突或困惑的地方。因此,儒家经典也善于用故事来表达道德的思辨性真理。《孟子·尽心上》里面有一个故事,讲的是舜的父亲瞽瞍杀人,皋陶作为执行者如果按法律执行则面临着仁的问题,这是一种典型的道德冲突;孟子的回答是必须按照法律执行,但同时,他认为舜会弃天下窃负而逃,乐而忘天下,从而化解了道德冲突,维护了仁的道德形象。《孟子·离娄上》中,淳于髡以"男女授受不亲"的传统礼教向孟子发问:"嫂溺,则援之以手乎?"孟子的回答是必须援手而救,因为道德需要依据具体情境加以变通。孟子并非道德相对主义者,而是塑造了仁的最高道德标准。儒家的反对派墨家的主要著作《墨子》,主张"兼爱""非攻""尚贤""尚同"的政治思想,倡导相亲相爱的道德理想。

与儒家塑造的君子道德形象不同,老庄反对宏大的道德形象构造以及相应的空洞的道德说教。也就是说,老庄把道德形象从天上拉回到平常人生之中,从自然之道塑造生命之道。所谓"人法地,地法天,天法道,道法自然",自然之道即人之道。人之道,就是自然的生命之道,而不是君子圣人的道德,不是脱离生活的道德。老子《道德经》讲"天地不仁,以万物为刍狗",认为天地并无贵贱之分,与儒家礼制的等级观念格格不入。"生之、畜之,生而不有,为而不恃,长而不宰"才是最高道德。《庄子·大宗师》中"泉涸,鱼相与处于陆,相呴以湿,相濡以沫,不如相忘于江湖",虽然有感人至深的道德情感,但自由才是最高的境界。"登高不栗,入水不濡,入火不热,是知之能登假于道者也若此",符合大道才是真人。《庄子·齐物论》中的"大知闲闲,小知间间。大言炎炎,小言詹詹",接近大道的人,则"其寐也魂交,其觉也形开",与天地一体。人并非无情，超越才是真情，所谓"不以好恶内伤其身，常因自然而不益生也"（《庄子·德充符》）。应该说，老庄学说具有大量的日常道德形象的塑造，不同的是，他们非常注重比喻的手法，即从自然之道、万物之理塑造朴实而又有所超越的道德形象。

传统文化经典，特别是儒家经典，主要是道德理想的阐述，这与儒家以德治国的政治理想密切相关。实际上，道、法、墨等家都不同程度地吸收了儒家的仁义思想以作为社会秩序巩固的补充。儒家经典作品中不乏大量的、也是较为全面的道德形象塑造，但这种塑造主要是采取显白的手法，以说教式的语言直接表达理想的道德人格，基本不同于诗词的审美意象的构造：一是缺乏具体的场景和当下化的心情，除了时代背景外，基本找不到具体语境；二是缺乏借景抒情的意象，均为直白式表达；三是缺乏完整的故事情节，有些甚至无任何故事情节。因此，诸如儒家经典的教育，必然不同于诗词教学对意象的追求，而应侧重于道德教诲及道德人格的教育。基于显白的语言教诲特点以及格言式的语言，儒家经典教育可以发挥道德说教的作用，促进人的道德人格提升。我们常常诟病道德说教，无非是批判道德说教高高在上以及难及入心。确实，道德说教存在育人的偶然性，但也正因为其偶然性，我们应当尝试说教式教育对道德灵魂可能性触发的探索。实际上，道德说教并非完全无效，道德说教是否有效，取决于语言的魅力，主要是看其是否能够走进人的心灵。按照休谟的观点，道德在很大程度上来源于人的情感。道德如果获得清晰的论证，当然有助于思想的认同，但并非所有的道德认知都获得了明晰的逻辑。朴素的情感经常是道德感知的来源和依凭。经典的道德语言具有激发情感的力量，可以发挥良好的道德育人效果。

为此，一是要充分发挥道德格言的磅礴气势，激发人的道德情感，以情育人。道德格言具有语言的优势和独特魅力，精练、深刻、直入人心，完全可以很好地发挥育人作用。尤其是对比式的道德格言，强化分明的道德形象的塑造，具有深刻性和思想冲击力。格言的诵读是必要的教学方法。同时，道德格言也具有润物无声的育人特点，增强必要的环境感知可以充分发挥这一特点。二是要注重传统道德语言与现实道德价值的衔接。对符合当代道德价值标准的，要理直气壮地吸收、发扬光大；对与当代道德价值标准相背的或相左的，必须引入必要的情景分析，引导走进古代的道德世界，同时也要深刻分析其价值产生的社会背景与时代局限，结合批判性思考走向当代道德世界。三是要注重传统道德现象与道德观念史的教学结合。任何道德语言的背后总有一定的道德现象存在,尽管这种道德现象或是个别的存在。传统经典作品中的道德语言教育需要借助传统道德现象的直观,增进现象理解;同时也需要反身指向道德观念史。历史的而不是片段式的理解,才能更好地促进学生建构自我的道德观念世界。对古代道德观念世界理解得越深,对现代世界的道德价值观就必然把握得越透。四是要充分利用经典作品中的道德辩论或相互背离的道德观点,开展道德逻辑论证教育,提升学生的道德思辨力和价值判断力。这实际上也是经由异同分析促进把握各家主要学术观点的重要方法。

不同的道德语言或故事,塑造不同侧面的道德榜样形象。为此,需要对传统经典作品中的道德榜样塑造进行整体的梳理,形成课程育人形态。当然这并非是以综合性的、完整的道德榜样形象要求人,而是以不同的道德榜样鼓舞人。

三、传统文化经典的精神境界塑造及其育人向度

传统文化经典作品不乏生命精神境界的构造,其中既有超越生命、超脱世俗的精神追求,也有大气磅礴的精神豪迈,展示了人如何立于天地之间的大气格局。传统经典作品中不乏精神境界的语言表述。《论语》中的"三军可夺帅也,匹夫不可夺志也",孟子所说的"富贵不能淫,贫贱不能移,威武不能屈",以及文天祥的"人生自古谁无死,留取丹心照汗青"等,体现了士大夫坚贞不屈的英勇气概。孟子的"登东山而小鲁,登泰山而小天下"以及《韩非子·大体第二十九》所讲的"望天地,观江海,因山谷、日月所照、四时所行、云布风动;不以智累心,不以私累己。上不天则下不遍覆,心不地则物不毕载",展示了心即天下的恢弘气势。王阳明的"大人之学",展示心即万物、"以天地万物为一体者也"[①]的精神气势,也借此展现了内心光明、或致良知和明明德的精神境界。苏轼在《留侯论》中关于"大勇"的精彩表述,"匹夫见辱,拔剑而起,挺身而斗,此不足为勇也。天下有大勇者,卒然临之而不惊,无故加之而不怒",同样是心即万物的精神境界的表达。孟子所讲的"流水之为物也,不盈科不行;君子之志于道也,不成章不达",蕴含奋勇前行的志向;老子《道德经》"夫唯不盈,故能蔽而新成",告诫我们只有从不自满才能

---

① 冯友兰. 中国哲学简史 [M]. 北京:北京大学出版社,2013:293-294.

不断创新。老子《道德经》"故贵以身为天下者，若可寄天下；爱以身为天下者，若可托天下"，讲的是宠辱不惊的境界；"圣人为腹不为目，故去彼取此"，认为抛弃外物的诱惑才能达到内心的宁静和纯朴；"功遂身退，天之道"，"曲则全，枉则直，洼则盈，敝则新，少则得，多则惑"，大道至简，所谓"圣人抱一为天下式"。同样也有诸如范仲淹的"先天下之忧而忧，后天下之乐而乐"的济世情怀。类似的语言表述还有很多，因此，有必要根据精神境界的分类，统筹传统经典作品的主题选编。

除了用直接的语言表达人的精神境界之外，传统文化经典中蕴含很多追求精神境界的故事，实际上也是一种精神现象的表达。比如，韩信甘受胯下之辱、勾践卧薪尝胆，展示了能屈能伸的大丈夫气概；苏武牧羊，体现了忠贞爱国的精神；《庄子》中的梓庆鬼斧神工，展示了保持内心清静、集中专注的忘我境界；曹操碣石山观海，显现了博大进取的英雄气度和胸怀；陈子昂大器晚成，意味着任何时候奋发图强都不晚；谈迁写《国榷》，展示了笑脸迎对一切不幸、从不消沉的伟大气概。传统作品中的精神现象值得分类概括并实施教育。

经典作品有关精神境界的教育，不同于前两者教育，应当侧重于对人的精神境界的塑造。道德格言以语言的直接，或许可以建构起人的道德价值，但非必然引导相应的道德实践。诗词的审美意象，固然可以带来人的审美情感享受和美好想象，但更多的是情感感悟包围了的理性深思。从某种意义上说，精神境界的塑造最为有效，因为精神境界的提升为人的内在生命需要，与物质或现实的追求总体上可以匹配，因为人毕竟始终抱有精神超越的追求。而且，精神境界在人的情感、道德发展中居于最高层位，对人的发展具有引领性作用。同时，精神境界的塑造也为现代性所需要。西方现代性在资本逻辑中摧毁了一切坚固的东西，彼岸的信仰彻底此岸化了，再也不相信自己知道何为好与坏、对与错，[①] 价值虚无成为现代性危机的表现。中国现代性的建构以党的领导、社会主义制度和核心价值观超越资本逻辑及其相应的价值危机。[②] 中国特色社会主义教育的根本任务是立德树人，首要是着力培养具有共产主义远大理想和中国特色社会主义共同信念的时代新人，对精神境界的教育有着内在的呼唤，必须大力加强传

---

① ［美］利奥·施特劳斯：现代性的三次浪潮［M］；贺照田：西方现代性的曲折与展开. 长春：吉林人民出版社，2002：86-87.
② 高云涌. 中国道路的探索与资本逻辑的驾驭［N］. 中国社会科学报，2018-9-27.

统精神教育。中国革命与改革开放的精神是对中华民族传统精神的继承和发展，加强传统精神教育是思想政治教育的内在要求。

为此，经典作品中的精神境界塑造之篇章或辞句，应当为此类经典作品教育所重视，教学应当从一般意义上的篇章结构、修辞、语言及观点的讲解，走向侧重于精神气质的展示与精神境界的提升。一是应当经由诵读、情景渲染、环境感知等手法，充分激发语言的磅礴力量，通过语言的情感渲染传达其蕴含的精神气质，促进个体内心获得情感的共鸣，获得内心的激发，形成特定的意志力量和精神气势，进一步塑造高远的精神境界。二是采用故事教学方法，增强精神直观和场景再现。以故事讲述的方式开展教学，使其更具有情境性场景构造特征。而且，故事叙述带给学生的也是一种精神现象的直观，或者是精神观念史的直观，同时可以充分激发人的想象，促进个体借助故事语言及其情景，勾勒饱满的精神画像，促进学生精神观念的进一步构建，获得充实的精神力量。当然，精神气势如由情感激发形成，则未必具有持久性，情感未必是可靠的，尤其是在受到现实利益的诱惑时，人的精神境界的下降或消失问题完全可能出现，也难以避免精神境界的困惑问题。尽管如此，经典篇章或格言所展示的精神境界，仍然为人的内心所向往，至少提供了一种精神格局作为榜样，以为人生的精神向导。

精神教育至关重要。教育的深处，是灵魂的触发与唤醒，是人性向真、善、美的积极引导。素质教育不会是各种素质的综合，而是不断获得生命意义的成长或全面发展。教育不仅仅是技艺的培养，而更应是促进人的精神世界不断超越他者，获得自我，获得与世界的共生。

四、结语

传统文化经典作品除了审美意象、道德形象和精神境界的塑造外，也包含着大量的哲学思想和政治思想的智慧。但对于传统文化经典作品教育而言，思想教育的路径和方式相对是明确的。思想教育的重心在于理论逻辑的论证。需要格外关注的是，传统文化经典作品或重于审美意象，或重于道德形象，或重于精神境界的塑造法维度教育意义的开掘。这些不同主旨的侧重，决定了传统文化经典育人的方向选择及其相应的教学路径或方式。唯有把握传统文化经典作品的精神主旨，实施分类教学，才能实施有效的育人。

审美意象、道德形象和精神境界的塑造分别寄托了古代人的情感纠缠、道德榜样与精神追求。与此相适应，审美教育应当借助于情景再现、语言阐释及想象的激发，侧重于帮助学生走进遥远的情感世界，进而产生此时的情感共鸣；道德语言教学应当借助于传统道德形象的再现、道德观念史的纵向理解、道德语言魅力，促进学生识别道德形象并建构自我的道德概念；精神教育应当借助于语言的情感力量、故事教学，注重精神气势的激发，促进个体凝聚精神力量，不断提升自我精神境界。

此外，根据传统经典作品的育人向度，传统经典作品教育也需要进行课程的重新设计和开发。当前的传统文化经典作品教育的最大问题在于缺乏明确细分的育人向度，缺乏分类的内容设计和作品选编的恰当逻辑。为此，从总体上看，至少要建立起三个向度的分类课程体系，并且在每个向度的课程体系中，细分审美情感、道德观念、精神观念的类别，统筹选编传统经典作品，并进行主题式教学。

第六章　身体的关照及体育课程建设

身体似乎为我们所熟悉，但作为一种社会意义上的存在，身体却是复杂的。身体需要得到照料，尤其是在身体从体力劳动中获得解放时，人们越来越关心身体，身体日益得到教育的重点关照，无论是基于体能素质训练还是生活的需要。但身体教育的目的何在？或者说我们需要什么样的身体教育？体育是为了培养人们的运动兴趣与习惯，还是为了强壮其体质、磨砺其意志、促进其身心和谐？这一切取决于我们如何看待身体。视其为自然之躯，还是赋予其社会意义的存在，身体的地位及其教育的内涵或要求是显著不同的。身体教育的目标制定，其实混杂着个体意义上的自然之躯的需求满足或训练以及社会意义上的身体训练。

一、身体的缺席与回归

何为身体？这是一个不好确定的概念。把其等同于肉体，也未必合适，因为心智的或精神性的东西其实也是身体的一部分，或者寄生于身体之中。但为了区分出精神性的东西，人们在意指身体时，往往是从身心二分的角度来谈论的，即把身体看成是与灵魂相对立的肉身。从这个意义上说，身体曾被作为一种低级的存在，是欲望或世俗生活的代名词，是需要加以控制和超越的。宗教教义、斯多噶哲学家等，都反对和鄙弃一切肉体的欢愉，以追求更崇高的精神理想。无论身体的地位如何，身心二分其实是有问题的。身体或肉身自然也必然包括感官的感知力、心理机制，并正是通过身体感知世界才真正建立起个体的世界的，所以很难把身体与心灵绝对分开。身体的规训、控制及其压抑，其实就是人的精神或思想的控制及其压抑。但身体又不等同于精神，个体精神需要身体的完整参与，并在身体全部投入中获得发展。弗洛伊德在《一种幻想的未来：文明及其不满》一书中认为，文明要求个体抑制自己的冲动。身体感官未能得到健全的发展，心理受到压抑，个体对世界的认知必然出现偏差，精神发展也必然出现障碍。

身与心的问题，就是一部哲学史。李艳莉等人在《论教育身体史的学理支撑》一文中对身体哲学有一个基本的梳理。① 从西方哲学史看，身体确实经历了一个缺席与回归的历史，这与西方哲学的追求密切相关。在柏拉图那里，哲学应当追求永恒的理式，而身体作为物质或肉体的现象，是短暂的、具体的，而且是具有欲望的具体存在，因此不可能具有永恒性，也不可能成为理念的东西。这与西方哲学的身心二分传统相关，其意图是探寻超越身体的普遍性东西，即主要探讨意识究竟是如何认识物体的。但实际上，古希腊时期还是非常重视身体的训练与审美的。中世纪将身体看作罪恶的渊薮，基督教认为的人的原罪就是来自于身体的罪恶，亚当和夏娃禁不住世俗诱惑偷吃了禁果。并且，身体成为伦理规范的对象，无论是中世纪的封建时代还是封建社会走向资本主义社会，身体很难成为贵族精神的象征，道德与精神才是高层次的审美追求。17、18世纪以来的欧洲思想并没有在道德方面来严厉谴责身体，但身体仍旧被看成是知识的对立面。② 身心对立并非完全是对身体的轻视，只不过是意识或知识的产生才是哲学需要探究的对象。笛卡尔、康德等意识哲学家关注的仍然是意识何以可能及意识的认识限度问题。当然，在西方哲学中也有尼采、柏格森等存在主义和生命哲学重视身体哲学。尼采对身体本能和欲望的强调，使身体走向哲学的中心地位。海德格尔强调"此在"，即强调身体经验与认识对象的统一构建了世界，突破传统的心—物二元论，间接把身体及其经验提高到哲学的中心。梅洛-庞蒂进一步完善了这一认识，认为身体具有时间性和空间性，即通过身体的感知实现与世界的互动，进而构建起"我的世界"，或身体及其现象构成了"我"的在世方式，即身体所处及其现象发生的特定时间、特定空间、特定语言及与他者的关联，构成了真正的在场性。身体重要性的获得，在于身体本身也构成了意识构建的重要组成或来源。

尽管身体在哲学中获得了一定的地位，但身体的回归并不是哲学的根本追求所在。探索认识何以可能才是哲学的形而上追求，身体不过是附带而来的回归。胡塞尔、海德格尔、梅洛-庞蒂等现象学家力图消除身体与意识的二元对立，颠覆了笛卡尔式的身体—意识的思考，但真正重视对身体的理解和关注的还是尼采、福柯等人。尽管尼采等哲学家赞美生命的本

---

① 李艳莉，周洪宇. 论教育身体史的学理支撑[J]. 华东师范大学学报（教育科学版），2016（4）.

② 冯珠娣，汪民安. 日常生活、身体、政治[J]. 社会学研究，2004（1）.

能与欲望,但仍然是基于现代性社会的批判与危机的拯救,探索在一个现代性社会中的强力意志和高贵生命的可能性。

真正想要解放身体的,是现代性社会本身。英国工业革命早期,或从封建主义走向资本主义的早期阶段,人类生产力获得了巨大的进步,但在私人或道德领域,身体专制主义依然盛行。解放思想或构建新的思想,正是思想家的任务。自马基雅维利、霍布斯以来的现代性思想家,所要颠覆的是古典德性社会,他们不再相信德性的偶然和美好社会的可能,他们更愿意把德性下降到世俗人间,更愿意把激情、恐惧等情感作为人类幸福的根基,并为人类提供普遍的幸福。因此,他们倡导的是一个以市场和资本逻辑为中心的大众社会。所谓西方现代性危机,就是它很可能是一个集体平庸和堕落的社会,一个更加关注身体和感官刺激、享受的社会,在某种意义上也可以说是一个身体解放的社会。西方社会运动,从禁欲主义到性解放,似乎就是一个身体解放的运动。但是否是真的解放,还不好说。在哈耶克看来,人类的历史就是一部驯化身体和欲望的历史,即道德驯服了欲望,所以才有了现代性的身体造反运动,其后果就是灵魂缺席,欲望统治身体。但问题在于,身体得到享乐并不一定幸福,而身体虽然沉重,却可能很美好,至少对社会可能是有利的。如马克斯·韦伯所说的,新教伦理的禁欲主义客观上培育了资本主义节俭、勤奋和敬业的精神,促进了资本主义的发展。因此,这种解放是好还是坏,仍然取决于现代社会模式的不同理想的构建。从身体本身来说,似乎没法说清楚身体究竟如何安置。但无论如何,身体应当得到关照,问题在于关照到什么程度:是彻底的放纵还是追求秩序下的和谐。身体的关照归根结底是身体政治学的问题,实际上即是政治社会模式问题。对身体教育的回答,同样必须在政治社会模式建构中才能得到既定的回答。

二、对身体的关照

身体不仅是一种肉体现象。它既是生理的现象,具有欲望、享受与审美的特性;又是心理认知的现象,通过触、视、听等知觉感知社会,构成世界经验性认知的重要方式;还是一种社会现象,受到政治、经济与文化的建构。

作为肉体的身体,具有原始的生理需求与享受、生命的欲望与冲动,这是身体的本能需求。遵循生命的本能,符合自然之道。庄子说,人之养生亦当如是，游于空虚之境，顺乎自然之理。生命应当尊重自然之道。身体的自然欲望与需求，包括吃喝拉撒、劳动与睡眠、运动与休闲以及感官的发展，属于基本的生存与生活需要。违背自然之道，就是非人性的或反人性的。社会进步的基本体现就是促进身体或生活的更好发展。反过来说，社会问题的基本标志就是身体存在被控制及压抑。对身体的控制包括很多显性的或隐性的方面，劳动条件差、劳动强度大、长时间的劳累透支以及空间的或身体姿势的控制等，或者对身体实施的特定禁忌，都是对身体自然发展的破坏。同时，人的生命因为存在无穷的欲望和冲动，身体本身也经常违背自然之道。无论如何，生命的本能往往存在压抑或僭越，更多的是因为生命从来没有纯粹的本能，总是会受到特定社会的规约。福柯的《疯癫与文明》《规训与惩罚》等著作，揭示了权力结构、国家制度以及微观权力对人的身体的规训、惩罚和宰制。

身体是社会的隐喻。身体是否为社会所压抑或规训，是否为社会所关照和给予解放；身体的时间自由和空间表现是社会模式的基本体现。原始社会缺乏强大的权力体系，但因为生产力的低下，无法提供足够的经济以发展人的身体和提供人身安全保障，身体或许是自由的，但得不到物质和医疗的保障；封建社会的生产力也不够发达，身体的发展受到物质条件的限制，同时权力体系及礼仪规范限制了身体与人性的自由发展，对身体构成不同程度的抑制，对人性构成不同程度的泯灭；资本主义社会鼓励人性自由，一定程度上解放了人性，但资本也实际上异化了人性，放纵了人性。任何健全的或不健全的社会都对身体有一定的规范，但政治并不真正关心个人身体，因为无论何种政治制度都无法消除人的道德困惑或身体伦理困惑问题。实际上，作为自然本性的身体欲望与自由，无所谓欠缺或完美。[①] 身体的自然欲望或本性，也不可能完全按照所谓的自然之道来生活。而且，身体的自然本性也很难用好和坏作为判断来标准，身体有时候被当作欲望的深渊，需要道德来克服，有时候又成为革命激情的来源。[②] 政治社会对身体自然本性的规范，本身就在于身体成为了政治，身体不仅仅是个体的，不可能完全地作为一种自然本性。比如吃喝，能满足身体基本生活需要的就是恰当的，但人们往往好逸恶劳或好吃懒做，吃好喝好对身体或许也构成一种负担。因此，何为对身体自然本性的关照是需要琢磨

---

① 刘小枫. 沉重的肉身[M]. 北京：华夏出版社，2004：274.
② 唐小兵. 身体政治的历史幻觉[J]. 南风窗，2006（10）（下）.

的。实际上，很难准确地理解和把握身体的自然需要，因为我们并不了解身体真正的需要是什么，而往往是把我们自认为的"需要"强加给身体。① 即便是身体的基本生理需要，我们也很难确切地知道，更不必说身体的感觉需要究竟是什么。身体作为政治，往往是被社会所规范的，并不能真正把握到身体自身需要什么。因此，或许从否定性的进路来判断是否对身体构成压抑，进而实现对身体的关照是比较恰当的。

作为心理认知现象的身体，是人的成长的必需条件，无关价值或政治问题。哲学上关注人的感官及其现象对个体在世的构建，但并没有真正关照身体本身的发展。真正关照身体感官发展的是社会、教育与家庭。毫无疑问，身体的感官发展对人的身体与智力发展至关重要。在这一点上，身体现象学给予了有力的理论支撑。身体通过感官及其形成的现象，形成了知识和经验，构成了自身的世界。同时，科学也证明了感官越发达，观察世界的敏锐性就越强，对世界的体验就越丰富和细致。

作为社会现象的身体，纳入政治、经济与文化的管理范畴。这不仅意味着人的生老病死纳入社会管理范围，而且意味着身体的言行为社会所规范，特别是为政治制度、权力与文化所规训。19世纪以来，社会科学从有别于柏拉图的视野对身体有大量的论述，其最初主要是从医学的角度看身体，比如福柯对（生物）医学如何发展成为认识身体的霸权话语，就是从医学意识来看身体。② 当然，也有不少社会科学家从政治、权力与文化的视野来看待身体，把身体看成时间和空间中的身体。古代中国人依据"日出而作，日落而息"的自然时间安顿生活，这是农耕社会的时间性对身体的塑造；现代人却注定被放逐在一种本雅明所谓"空洞的、匀质的时间"里，这是现代社会的钟表刻度式理性规划对日常生活强制性的规定。③ 福柯专门考察了学校、医院、军营等作为权力—知识关系的空间组织与技术系统，如何通过工作时间和工业空间的控制，对身体进行的精心建构。实际上，时间性和空间性都是特定社会模式对身体的规训。比如福柯所谈论的权力与身体的关系，不过是生产性资本主义对身体的组织和要求，而消费资本主义则完全不同，它把身体变成了消费的对象。④ 尽管如

---

① 冯珠娣，汪民安. 日常生活、身体、政治 [J]. 社会学研究，2004 (1).
② 冯珠娣，汪民安. 日常生活、身体、政治 [J]. 社会学研究，2004 (1).
③ 唐小兵. 身体政治的历史幻觉 [J]. 南风窗，2006 (10)（下）.
④ 冯珠娣，汪民安. 日常生活、身体、政治 [J]. 社会学研究，2004 (1).

此，身体仍然受到政治权力结构与文化结构的训练，从来没有什么绝对的生命存在，更没有完全超越国家的身体自由的存在。身体很多时候服从于身体之外的目标，身体本身如何安顿本没有确定的答案。因此，关键的问题应该在于政治、经济与文化究竟如何真正关照身体和生命。

没有纯粹意义上的生命，作为个体的肉身永远与作为集体的政治或道德存在一定的冲突；身体的个体感觉偏好永远无法替代或等同于集体的感觉偏好，政治或道德也不可能以个体的感觉偏好作为统一标准。因此，身体个体的自由与欲望必定属于私人空间，而公共空间的自由与欲望必定受到政治与道德的管理。政治与道德如何管理公共空间的身体自由与欲望，取决于社会制度对公共领域的开放程度。教育作为政治现象，一方面需要关照人的身体发展，促进个体身心健康；另一方面又必然要训练和规范身体，强其体魄，磨砺其意志，使其更符合社会规范和国家的需要。教育也并非仅仅通过体育实施对身体的关照，教育通过时间的管理和空间的安排对身体实施规范，并非如有些人批评的那样，是一种对身体的压抑或压制，这样的考虑必然有其背后的原因。实际上，对身体的关照永远被放在智力、思想、道德诸方面发展的教育统筹设计中。尽管有一些科学证据表明，身体的教育对智力、道德的发展具有促进作用或可以为后者提供较好的基础，但遗憾的是，身体的政治并不是一个科学的问题。社会精神与社会结构规定了身体发展的基调。

体育是对身体关照的一门专项技术。它一方面通过游戏化的形式，使身体处于一种轻松状态，以解放身体的压抑，促进身体与感官的发展；另一方面通过技能训练，培养运动兴趣，促进身体获得精神性的依托；当然它也同时训练人的身体，促进体质更健康，更能适应未来生活。身体活动或运动本来是身体的自然需要，但当身体受到压抑，比如知识学习占领了身体运动时间，增加了身体负担，牺牲了睡眠时间，体育就变成了身体治疗的一门技术。身体受到时间和空间的不合理统治，难以自由发展；甚至身体为技术所管理，在技术的自愿服从中异化了，这就不仅是一个身体或体育的问题，而是教育和社会出现了问题。

三、完善体育课程

中小学体育与健康课程的目标，主要是促进学生增强体能，掌握和应用基本的体育与健康知识和运动技能；培养运动的兴趣和爱好，形成坚持锻炼的习惯，形成健康的生活方式；具有良好的心理品质，表现出人际交往的能力与合作精神以及积极进取的道德品质。概括起来，体育与健康课程不仅是培养人的身体健康，而且还要促进人的智力、心理发展以及社会发展和道德发展，核心就是健身育人。

2020年中共中央办公厅、国务院办公厅印发《关于全面加强和改进新时代学校体育工作的意见》，提出要注重大中小幼相衔接，聚焦提升学生核心素养，加强体育课程建设。学前教育阶段开展适合幼儿身心特点的游戏活动，培养体育兴趣爱好，促进运动机能协调发展。义务教育阶段体育课程帮助学生掌握一两项运动技能，引导学生树立正确的健康观。高中阶段体育课程进一步发展学生运动专长，引导学生养成健康的生活方式，形成积极向上的健全人格。

从这个意义上说，我们的中小学体育除了在一般意义上让学生掌握体育运动健康知识与技能、培养运动兴趣与习惯以促进人的感官与智力发展及心理发展外，更为重要的是通过体育促进人的社会发展和道德发展，归根结底是培养德智体美劳全面发展的社会主义建设者和接班人。基于对中华传统体育文化的自信和对中国特色社会主义的"四个自信"，社会主义体育更加注重以体育人。它不但关注人的身体发展，而且从更大的空间上，即从社会主义制度和文化的视野，超越西方的身体消费主义，关注人的全面发展，进而真正地促进人作为人的生命的激发，既服务于体育强国和健康中国的国家战略，也服从于民生幸福或人民对美好生活向往的新时代追求。

但是中小学体育课程开发与国家的要求还有差距，还存在不少问题。一是体育校本课程开发指向性还不够明确，普及性体育运动课程不丰富，指向学生感官发展、身体成长与体育精神培育的课程不突出，缺乏针对性的课程开发。二是在课程实施上对健身育人体现得不够，为了运动而开展运动，为了体育技能而培养技能，如何体现育人性还不够清晰。三是在课程教学上不够精细，教学操作流程化和机械化，缺乏灵活多样的教学方式，在体育兴趣培养与技能培养上缺乏有效的教学方式。

根据国家对体育课程要求及中小学校体育教学存在的问题，中小学体育课程应当加大开发力度。一是加强普及性的体育运动课程建设。学前教育阶段开设普及性的体育课程应当集中于游戏活动，因此需要对普及性体育运动加以适当改造，以更好地适应幼儿的身心特点。甚至说，义务教育阶段的普及性体育运动课程也应当加强体育游戏课程开发。这一类体育课程开发的目的并不在于培养运动技能，而在于培养运动兴趣以及加强对体育的理解或增强对体育的体验性认知；或者在于促进学生的感官发展与身体发展。二是加强身体健康生理或医学、身体救助等基本知识与技能的教育。这方面的知识与技能教育相对薄弱，亟待加强。学校可以通过与社康中心合作，共建体育医学课程。三是要重视体育促进感官发展、以体育智的课程建设。要加大对体育训练人的感官发展的课程开发和教育，围绕感官发展谋划合适的体育项目或游戏活动，并构建感官与身体发展的质量监测体系，科学施教。四是要加强勇于拼搏、精益求精等体育精神培养的体育课程开发。以体育精神培养传承和发展中华民族自强不息、奋斗拼搏、吃苦耐劳的精神传统，培养爱国主义精神。比如，可以结合不同年龄的学生身体发展实际，适当延长体育运动时间和加大运动强度，或加强特殊天气或环境下的体育运动，增强学生的意志力。从这个意义上说，还应当加强中华传统体育运动项目的课程与教育，增强传统体育文化的自觉意识，增强对传统体育文化的自信。五是要加强促进身体成长与形体发育的体育课程建设，在增强体质的基础上，特别是要重视有利于身体发育与形体健美的体育课程开发，并以此作为体育教学质量监测的重要指标，比如注重篮球、跳绳以及军姿或形体矫正方面的课程开发。六是要结合学生运动特长，开发个性化的运动特长培养课程，加强学生运动潜能开发。

加强体育课程建设的重点是要深化体育教学改革。在逐步完善"健康知识＋基本运动技能＋专项运动技能"的学校体育教学模式的基础上，注重以兴趣激发为重点的游戏化活动教学，注重以实践训练为基础的知识学习与技能学习，加强社团形式的运动技能竞赛活动学习。

此外，还需要根据不同学段课程内容特点进行有区别的课程开发以及教学改革。小学体育与健康课程内容包括队列与基本体操、田径、技巧与器械练习、小球类、体育游戏、韵律操与舞蹈、体育健康常识等。根据小学生年龄特点，应重点深化体育游戏、体育技巧及健康常识类课程开发。

初中体育与健康课程主要按体育运动形式，即田径、足球、篮球、排球、乒乓球、羽毛球、网球、体操（健美操）、武术、游泳、花样跳绳、民族民间体育，进行课程内容设置。初中体育与健康课程的重点在于体育运动的普及性教育，可以围绕各类体育运动形式进行课程开发或教学案例开发。

高中体育与健康课程内容设置形式与初中有显著不同，更突出学科核心素养的培养，按体能、运动技能与健康教育三个系列和必修必学与必修选学两个部分设计。其中，运动技能系列为必修选学，设有球类、田径类、体操类、水上或冰雪类、武术与民族民间传统体育类和新兴体育类六个运动技能系列，每类运动技能又分设若干模块。健康教育模块包括健康基本知识与技能、合理营养和食品安全、常见传染性和非传染性疾病预防与控制、常见运动损伤预防与处理等方面的内容。根据课程内容安排，可以考虑运动特长培养的校本课程开发，健康教育综合性学习课程开发以及健康教育典型教学案例开发。

高中体育与健康学科核心素养包括运动能力、健康行为、体育品德三个方面核心素养。其中，运动能力和健康行为培养都可以进行课程开发或教学案例开发，以深化教学改革。而体育品德培养则应当贯穿于所有教学过程或环节，可以加强教学案例开发，突出体育品德培养的方式方法改革。

第七章　艺术教育的综合育人及其课程建设

艺术是人类情感和思想的一种独特表达方式。艺术的重要价值在于它的审美性。艺术教育的重要性不言而喻，通常我们把它的育人功能概括为艺术技能、审美情操以及想象力的培养。应该说，艺术素养主要包括这些范畴，但问题在于，我们并没有很好地区分这三者间的关系，以至于在日常教育中经常遗忘艺术教育的本质，弄错了方向，应该突出或强调的没有得到突出或强调，有失偏颇。特别是过于关注艺术技能的培养，就技能讲技能，对艺术想象力的培养重视不够。同时，艺术教育脱离完整的生活和知识体系，单向化严重，缺乏跨学科的综合性学习，综合育人效果甚微。从这个意义上讲，艺术教育的课程内容及其教学方式都有待改进。

一、完整地理解艺术育人功能

康德在《纯粹理性批判》的开篇就讲，"我们的一切知识都从经验开始"。这意味着世界不管是作为知识还是符号向人呈现，都是经过人的感觉、知觉或情感的人为建构。艺术作为情感或思想的审美，是一种看待世界的态度和视角，[①] 而且是一种独特的世界构建与表达方式，特别是有别于现代西方知识体系的世界建构视角。在现代知识体系对艺术审美挤压的情况下，艺术教育的重要性显而易见。

但艺术究竟是什么？艺术究竟如何独特地表达世界？这对于艺术教育是急需弄清楚的事情。艺术必然是通过作品来表现的，比如一首诗歌、一组音乐符号、一幅画或雕塑以及身体的舞蹈动作，而作品作为有意义的存在并非因为作品本身的物质特性或材料属性，而是因为其注入了作者的情感或想象。艺术的审美就在于它保持对现实的关照，但又超越现实，注入美好情感的向往与想象。正如席勒所指出的，任何一部真正的美的艺术作品正是通过形式或审美表象给人带来审美的自由。审美的本质在于审美情感的表达，但审美情感不同于心理学意义上的情感，而是关于人性自由或

---

① 刘成纪. 中国古典美学中的时间、历史和记忆［J］. 北京大学学报，2020（4）.

崇高的情感想象。艺术教育的本质就在于促进个体通过对艺术作品所表达的人性自由与崇高的情感理解与欣赏，获得审美享受，提升道德情操。

　　艺术作品意义的澄明始终是面向读者并保持开放的，需要读者不断地走入作品，保持思想的敞开，获得与作品的视界交融。读者是否感受到作品的审美，一是取决于读者的心灵或精神是否被遮蔽。一个人的灵魂或精神越封闭，越是为物质或资本以及世俗的事务所奴役，越是把世界对象化或客观化以及知识化，就越是感知不到艺术的美。二是取决于读者的情感经历是否与作品达到共通。艺术作为情感的表达，必然是作者生活经历的情感寄托，如果读者缺乏相似的经历，必然难以获得共通的情感以及相应高度的审美。因此，艺术教育的本质在于通过各种手段，传达作品的审美，并解放人的灵魂。由于读者无法具备与作者共同的经历，或不可能从根本上通向作者的情感深处。因此，要传达作品的审美除了必要的教学技术手段外，最根本的是要依赖于对读者想象力的激发。从这个意义上说，艺术教育的关键在于激发人的想象力，促进人的情感获得未曾经历或经历不深的某种想象。显然，艺术技能很重要，它是艺术欣赏美和创造美的基础。技能越精湛，创作的作品就越能达到传神的效果，个体就越能更好地表达自己的情感、思想和审美。比如，乐器演奏的技术越高超，音乐必然越动听；同样，创作一幅画的技能越高超，作品必然越能表达创作的主旨。但是，不管是绘画还是音乐创作，都不可能是照葫芦画瓢或简单模仿。因此，艺术想象力更重要。

　　同时，传达作品的审美，必须依赖于情境的体验，进而获得超越时空的审美体验。任何情感都是特定时空的产物，都是具体的人在与他人和社会交往复杂纠缠中的生成。因此，要促进个体获得情感的体验，必须返原情感的时空，交待艺术作品的时代精神、文化追求、社会背景、作者遭遇及其心境。也因此说，艺术的情感体验教育需要依靠语言的教育，既要有社会生活时空的宏大叙事，也要有个体经历的微观透视。这就是说，艺术教育应当注重整体要素的育人。

　　事实上，艺术教育绝不是单维度的育人，而是一种综合性育人。这不仅意味着各种艺术形式之间的交叉共融，比如音乐与舞蹈的融合、绘画与诗歌的融合，而且意味着单个艺术的跨学科融合。比如，皮影戏教学就不仅仅是一种动作的表演，而且是包括动手制作、戏剧改编或创作、角色扮演等的综合性教学。绘画教学也不仅仅是简单的技能训练，而是可以关涉经典文学作品、历史故事、非遗文化、创意设计、主题创作等跨学科或综合性的学习。同样，京剧教学也不仅仅是一种艺术表演，而是关系到人物命运与情感、历史场景、演唱艺术等相关方面的综合性学习。

艺术教育的综合育人功能还体现为艺术育德育智。道德的本质不仅在于人与人、人与自然、人与社会之间关系的规范性约束，而更在于引导人如何在关系坐标中正确认知自我。德育的本质首先在于培养人格健全的人，从某种意义上讲也是心理健康的人。但人并非可以轻易地达至对关系的正确处理和正确的自我认知，这实际上是一种境界的超越问题，首先是要超越自我而不是超越他者。自我的认知并非是一个知识的建构和通达问题，更是情感的共通与通达问题。人之所以在关系建构中失去自我，终究是"意难平"的问题。也可以说，自我认知的超越就是情感的超越。艺术可以陶冶情操，通俗地讲就是激发和抚慰人的情感，个体在艺术的情感共通中获得自我的情感安置；并且通过审美的崇高，精神境界获得提升，人性获得自由，自觉超越功利性进入自由的道德状态。美不是道德，但是道德的象征，或者说引导人走向实践的道德。从这个意义上说，艺术教育是道德教育的重要路径和形式。艺术育智的表现则比较明显，比如，音乐可以培养人的空间感，美术培养人的想象力。上面提到的艺术教育的综合性学习，对动手能力的培养、想象力的培养以及跨学科知识学习能力培养，都可以充分体现艺术的育智功能。实际上，非智力因素对人的智力培养也具有非常重要的作用。甚至可以说，音乐、美术等艺术作为看待世界的态度和视角，或通达世界的一种方式，本身就是一种文化的认知和世界的认知方式。

二、中小学艺术学科课程开发

中小学艺术学科具有自身特点。比如高中音乐课程标准把音乐课程特点概括为人文性、审美性和实践性；高中美术课程标准把美术课程特点概括为视觉性、实践性和人文性。舞蹈课程的特点可以概括为身体感知性、人文性和身体造型创造性。根据艺术学科特性，艺术学科课程的学习领域就可以做比较明确的划分。比如，音乐课程的学习被划分为感受与欣赏、表现、创造、文化四个领域；美术课程的学习领域划分为造型—表现、设计—应用、欣赏—评述、综合—探索四个领域。舞蹈课程则没有统一的课程标准，大体上可以被划分为舞蹈基础知识与动作训练、编舞创作、文化欣赏三个领域。从这个划分看，音乐强调的是视听与演奏表现，而美术强调造型表现;在实践应用上,音乐强调编创,美术更强调设计,同时也更强调跨学科学习;但都强调文化理解与欣赏或审美。而技能的培养则贯穿于各学习领域或各学习环节。

  结合以上划分及当前艺术教育存在的问题,艺术课程开发应主要围绕如下几个主题进行。一是艺术表现力培养课程开发,这是中小学艺术教育的难点和薄弱环节。一方面是要深入理解艺术作品对世界的独特表现方式,另一方面是要学会以艺术的方式更好地表达世界。以音乐来说,无疑,音乐通过符号表达的是人的情感,但音乐何以传达了特定的情感?音乐的元素是音,通过声音来表现情感。音乐的基本要素是节奏、旋律、和声及音色。展示音乐的情感表现力,就要分析旋律的差异、节奏快慢、声音高低强弱、和声变化及音乐差异对不同情感的表达。美术的艺术表现力则是通过视觉突显,以造型方式来表现艺术作品的思想。但如何通过技法和构图表达特定的思想,是美术教育的重点内容。从造型角度分析美术作品的美感并培养鉴赏力,是美术课程开发的首要目标。当前美术教育在艺术表现力培养上的偏颇就在于以简单的技能教育代替了艺术表现力教育,忽略了技能教育的艺术审美或鉴赏的根本向度。线条、形状、色彩、空间、明暗、肌理等基本造型元素与对称、均衡、重复、节奏、对比、变化、对一等形式原理的造型活动,究竟如何呈现美术表现力,仍然有待深入探索并进行课程开发。舞蹈姿势或肢体语言究竟表达了什么样的情感、生活或想象,应成为舞蹈教育课程开发的重点。

  二是艺术实践创造力培养课程开发。如何用艺术来表现或表达现实世界,是艺术实践的主题,但艺术不是简单地对世界的模仿。艺术来源于生活又超越于生活。因此,艺术对世界的表达更多地需要想象。培养艺术的想象力是艺术教育的重中之重。主题创作或设计是艺术创造力培养课程的主要形式。音乐创造力培养应加强音乐编创课程开发,包括根据歌曲、乐曲的主题及其中的情感表达,开展演唱、演奏等编创活动;合作开展以生活或现实主题为主的歌曲编创,或根据旋律编配歌词、根据歌词编配曲子;或根据声音材料开展命题创作;或根据歌曲编创,进行演奏、演唱为一体的媒体制作;或合作组织音乐剧编排和文艺会演等音乐活动;或合作开展戏剧编创、表演等活动。美术创造力培养应加强创意设计课程建设,包括根据手工和工业产品生产需要,开展外包装、外观形象的设计或产品整体形象的设计;或根据命题要求,开展建筑物建造设计或室内装潢设计;或根据服装表演需要,开展服装设计;或结合城市区域改造进行规划设计；或根据宣传活动需要，开展平面创意设计；或根据绘本阅读需要开展绘本创意设计；或根据文字材料开展创意创作；或根据庆典等文化活动需要，开展美术创意设计；或根据历史和现代化建设实践，以讴歌现代化成就为主题开展美术创意设计；或根据特定主题开展手工制作活动以及开展媒体制作创意设计。舞蹈创造力培养应加强舞蹈编排编造设计类课程开发，包括根据舞蹈节目活动开展舞蹈编排；根据生活现实表达需要或主题材料开展舞蹈编创；根据音乐表达需要，编创歌舞剧。

三是艺术文化审美课程开发。艺术作为看待和表达世界的方式，不仅是一种情感的表达，也是一种特定生活和社会实践的文化表达。从文化的视野来理解艺术，就需要深入理解艺术究竟表达了什么样的世界。任何艺术作品总是特定的生活时空和社会背景下的个体思想或精神的表达，因而也是特定时代的精神追求的映射。比如，中国古代的"乐"主要并不在于表现主观内在的个体情感，而是强调呈现外在世界的普遍规律、逻辑和秩序。[①] 不同的时代必然有不同的艺术表现形式，不同的艺术作品具有不同的时代文化内涵。春秋战国时代的音乐文化肯定有别于唐朝宫廷音乐文化，中国民间传统音乐文化也必然不同于西方前现代以及文艺复兴时代以来的现代音乐文化。同样，中国传统的山水画作品所体现的文化也不同于西方油画或其他美术作品的文化表达。一尊古希腊神像，如果被看作一件艺术品，就绝对不是一般意义上的审美，而是具有深刻文化内涵的宗教经验世界的体现。中国的戏剧不仅就其文化内涵而且就其形式本身，也完全有别于西方的戏剧文化。原始舞蹈与现代舞蹈、非洲舞蹈与印度舞蹈，也肯定存在文化表达上的重大差异。无疑，艺术的文化审美都有自己的特定表达。因此，艺术的文化审美教育必须重视特定的艺术表现形式及其精神表达的分析。

从现有的中小学艺术教育课程开发情况看，艺术表现力培养课程都不够深入和切近本质，而艺术创造力培养课程却得到了越来越多的重视，但活动开展得多，缺乏综合性学习，并且在学校之间存在较大差异。艺术文化审美教育课程开发则相对薄弱。艺术课程的开发既需要围绕国家课程的深入实施，拓展和深化艺术素养培养，重点应在教学改革上下功夫。同时，还需要在校本课程开发上下功夫，丰富教学内容，这是艺术课程区别于语文、数学、物理等学科课程的差异所在。语文、数学等学科课程的开

---

① 李泽厚. 美学三书[M]. 天津：天津社会科学出版社，2003：221.

发重点在于深化国家课程的实施，包括校本课程开发在内，主要是深化教学改革，而不是注重课程内容的延伸或拓展。

同时，还需要依据艺术学科核心素养进行相应的课程开发。普通高中音乐学科的核心素养包括审美感知、艺术表现、文化理解三个方面，美术学科核心素养包括图像识读、美术表现、审美判断、创意实践、文化理解五个方面。可以依据各个核心素养培养要求，进行相应的课程开发或教学改革案例开发。其中，诸如文化理解、艺术表现、审美感知之类的核心素养培养应当贯穿于艺术教育教学的全过程，未必需要进行独立的课程开发，它可以通过教学案例开发予以体现或强调。当然，为了突出这些素养培养，也可以开发相应的课程。而创意实践的培养也应当给予重视，有必要进行相应的课程开发。

此外，根据艺术学科课程内容也可以进行相应的课程开发或教学案例开发。普通高中音乐课程内容以模块形式呈现，包括音乐鉴赏、歌唱、演奏、音乐编创、音乐与舞蹈、音乐与戏剧六个模块的必修（选学）课程，合唱、合奏、舞蹈表演、戏剧表演、音乐基础理论、视唱练耳六个模块的选择性必修课程。课程内容具有明显的核心素养指向。每个模块都可以通过内容的拓展、延伸或深化进行课程开发。但重点应当在音乐编创、音乐与戏剧、戏剧表演等方面进行课程开发，其他内容更应注重教学方式改革及其相应的教学案例开发。普通高中美术课程内容同样以模块形式呈现，包括美术鉴赏（必修课程），绘画、中国书画、雕塑、设计、工艺、现代媒体艺术六个模块的选择性必修课程，以及美术史论基础、速写基础、素描基础、色彩基础、创作与设计基础五个模块选修课程。每一个模块都可以进行相应的课程开发或教学案例开发。

初中音乐课程内容则以单元形式呈现，包括各种音乐（含中外名歌、中外名曲、歌剧、京剧等戏剧）的演唱、欣赏、演奏、编创及音乐常识、乐理知识、乐器常识、发声练习等。初中美术课程内容也是以单元形式呈现，包括造型、色彩、构图、设计、生活装饰、雕塑、工艺、建筑欣赏、美术文化与民间美术、剪纸等手工制作、外国美术名作、动漫艺术等。总体上看，初中音乐和美术教育以欣赏与文化理解教育为主，兼顾艺术技能培养与编创教育。课程开发的重点应在于艺术制作与编创的教学。当然，艺术欣赏教育也可以拓展和深化。

三、艺术教学改革

根据艺术学科的育人特点、核心素养要求以及课程开发的主题，艺术学科课程教学必须做出相应的变革，培养学生更好地以艺术理解和表达人类所处的生活世界的能力。艺术学科在当前尚未被纳入考试科目，教学改革的空间更为广泛。当前的重点是要改变通常的演唱、临摹等照本宣科式教学，倡导以审美与想象创作为主题的情境浸入式、活动式创作以及跨学科综合性学习。

一是探索情境浸入式学习。音乐、美术或舞蹈的元素通过一定的组合表达了什么样的情感世界，必定与作品的创作者的生活遭遇密切相关，所以艺术所表达的情感不可能仅仅通过简单的艺术手法为他人所理解，而是需要从深层次获得对作者情感世界的理解与通达。只有获得情感的共鸣才能更好地获得情感的体验。为此，艺术教学有必要把教育对象带入作品的情感世界。视听、演唱或视觉欣赏只是情感体验的直白形式或表象的感知，很难完整地或深入地获得情感体验。因此，必须还原特定的时空和生活场景，再现情感生成的个体与社会纠缠的复杂性，构建立体的情境画面，探索情境浸入式学习。比如以视频技术展示宏阔的时代背景，以故事叙事的方式道出作者情感的生发，引发学生的情感酝酿及其共鸣。

二是深化活动式创作学习。艺术是个体看待世界和表达世界的一种独特的方式，但艺术并非是简单地映射世界，而是要通过想象才能完成。没有想象就没有艺术。艺术教育应当充分发挥学生的想象力，开展以主题创作为主的创意设计或编创活动。设计或编创需要有冥思苦想与灵感，但也需要有集体的研讨激发及合作完成。主题既可以根据现实生活进行选择，也可以根据材料提供主题。以创作为主的主题活动教学，重点是艺术创意而非技能的培养，从教学流程上看并不难操作，难的是如何激发学生的创意和想象，并如何发现和正确评估学生的想象与创意。这实际上对教师的艺术想象力提出了较高的要求。主题创作学习的关键教学环节就在于教师对学生创意的发现，并花费足够时间来点评这些创意，而不是简单的展示。

三是探索跨学科综合性学习。艺术作品不管是情感的还是思想的或精神的表达，都具有时代性和区域空间差异性。艺术审美的重点在于文化审美。文化审美既有政治、经济、社会、思想等多学科的审美，也有跨文化的比较审美。因此,艺术教育需要跨学科的综合性学习,但任何跨学科学习都不是简单的知识拼凑。艺术课程的跨学科学习必须始终坚持艺术教育的根本指向,始终围绕具体的教学目标进行跨学科的学习。比如,美术教学活动中,以历史故事或文学人物与创意设计的融合,就不能上成历史课或语文课,而是要通过对历史或文学的人物与故事的理解,更好地表达艺术设计或创意。同样,学习非洲的土著音乐或舞蹈,通过社会与生活的跨文化理解,更好地领悟其音乐或舞蹈的文化内涵与表达方式,而不是纯粹为了学习非洲历史或社会文化。这种跨学科学习对艺术教师同样提出了很高的文化与艺术审美的要求。

第八章　学校劳动教育课程的整体统筹[①]

劳动教育在中小学校或多或少以及不同程度上得到了实施，或者是融合于各种学科教学，或者是融合于活动课程之中，但中小学劳动教育显然缺乏整体性的构建。从现有研究看，我们对劳动教育的时代背景不乏相关视野的观察，包括从人工智能时代的视角的考察，[②] 也有从马克思主义视角对劳动教育内涵的考察，[③] 对劳动价值观与劳动教育观的考察，[④] 以及重视劳动教育价值的研究。[⑤] 显然，我们关注并重视劳动教育价值对劳动教育课程体系的建构性。但是，我们对劳动教育价值的时代意义框架构建还缺乏中国现代性的视野，进而影响到我们对劳动教育时代内涵及其价值的把握。更主要的问题是，我们虽然就劳动教育价值与其课程建设进行了宽泛式的联结并提供了广泛的劳动教育课程内容设计，却未能给学校提供比较确切的操作性课程体系，学校劳动教育课程体系构建的核心问题并没有得到解决。我们必须看到劳动教育价值与具体的劳动之间并非一一对应：即一种价值可以有多种劳动来实施，同样，任何劳动都可能体现多种价值。假定设立了 N 类劳动价值，并与 M 项具体劳动相对应，如此，课程内容整体上很完备，但问题是，在多种可能的劳动组合中，如何选择合适的劳动教育，特别是，哪些劳动教育内容可由学科教学来完成，哪些内容必须由专项劳动教育课程来实施，这些都是学校劳动教育课程体系构建的关键性问题。

[①] 此章内容是在笔者《劳动教育的时代价值、内容设计及其课程共建》（《教育导刊》2020 年第 8 期）的基础上修订而成。

[②] 徐海娇. 意义生活的完整性：人工智能时代劳动教育何以必要与何以可为 [J]. 国家教育行政学院学报, 2019 (11).

[③] 班建武. "新"劳动教育的内涵特征与实践路径 [J]. 教育研究, 2019 (5).

[④] 胡君进, 檀传宝. 马克思主义的劳动价值观与劳动教育观：经典文献的研析 [J]. 教育研究, 2018 (5).

[⑤] 徐海娇. 重构劳动教育的价值空间 [J]. 中国教育学刊, 2019 (6).

一、劳动教育的新时代意蕴

强化劳动教育,与当前学校劳动教育存在的问题密切相关。中共中央、国务院发布的《关于全面加强新时代大中小学劳动教育的意见》(以下称《指导意见》)指出:"近年来一些青少年中出现了不珍惜劳动成果、不想劳动、不会劳动的现象,劳动的独特育人价值在一定程度上被忽视,劳动教育正被淡化、弱化。"但劳动教育被列为"五育"之一,应该说还有着深刻的时代内涵。对此,我们既需要从马克思对西方现代性的批判与人的全面发展理论来考察,也需要从中国现代性的逻辑以及中国特色社会主义建设事业的需要来考察,当然也需要从技术对劳动形态塑造及其可能的异化来考察。

1. 中国现代性建构对异化的超越及劳动作为自由的本质和根本生活方式,必然需要强化劳动教育

社会主义把劳动作为人的自由的本质和根本生活方式,赋予了劳动新内涵。在马克思看来,现代的劳动分工以及资本主义以资本为中心的制度逻辑,必然造成人的异化和人的本质的全面丧失,劳动变成外在的而非本质的东西、否定的而非肯定自我的东西。[①] 西方现代性的问题不仅表现为劳动异化问题,也表现为价值危机。西方现代性的理性计算和功利追求,解放了感性和欲望,也产生集体堕落和价值虚无主义,奋斗精神衰微。[②] 资本主义精神的缺陷,使个体奋斗精神在资本逻辑面前变成了一种功利主义。中国特色社会主义建立的以人民为中心的发展逻辑,就是从制度上驯服和控制资本逻辑,赋予劳动的自由本质,构建新的劳动价值观,使劳动不再成为一种手段,而是人的生活的需要,是人的全面而自由发展的根本生活方式。社会主义建设事业促进人的全面发展的根本追求,就是要实现劳动的人性化,成为马克思所说的劳动是人的自由自觉的活动,成为生命本身而不是异己的东西。同时,社会主义以核心价值观作为文化引领,确立共产主义远大理想和中国特色社会主义共同理想,超越现代性价值虚无主义,确立自己的劳动精神。新时代劳动教育必须把握到中国特色社会主

---

① [德] 马克思. 1844 经济学哲学手稿 [M]. 北京:人民出版社,2000:54.
② [美] 利奥·施特劳斯. 现代性的三次浪潮 [C]. 贺照田. 西方现代性的曲折与展开. 长春:吉林人民出版社,2002:86.

义制度的根本追求及其赋予劳动的本质内涵。

2. 新时代中国特色社会主义建设事业对劳动教育提出了新要求

尽管劳动的价值表现为诸多方面，包括促进人的心智发展、作为人的生活方式的存在，但其最重要的价值还是劳动精神。精神和意志是做事的根本动力，是人类极为重要的品质。就人的发展而言，综合素养发展既需要着眼于能力、素养和价值观层面的建构，更需要着眼于精神或意志品质层面的建构。劳动精神的核心就是一种奋斗精神。不劳动就没有收获，世界上没有坐享其成的东西，一切成就都是奋斗的结果。这些都是显而易见的道理。对于国家来说，奋斗精神也同样非常重要。奋斗是立党立国之基。中华文明、中国革命都是靠艰苦奋斗探索出来的。新时代，建成社会主义现代化强国，实现中华民族伟大复兴，同样离不开奋斗。习近平同志在党的十九大报告中指出，中华民族伟大复兴，绝不是轻轻松松、敲锣打鼓就能实现的。中国特色社会主义进入新时代，面临的任务比以往任何时候都更加艰巨，需要继续发扬好伟大奋斗精神。通过劳动教育培养学生的奋斗精神，是教育事业和社会建设的需要。同时，全面建设社会主义现代化强国，实现中华民族伟大复兴，对教育和学习提出了新的更高的要求，必须充分发挥劳动教育的育人价值，培养正确的劳动观念、价值观，培养劳动精神和劳动技能，并通过劳动教育的育德、育智、育体、发展审美素养等功能，全面培养学生综合素质，促进人的全面发展。

3. 科技发展、特别是人工智能的发展对人的劳动及劳动教育提出了新问题

技术快速发展的新时代对我们提出了很多新问题，其中包括技术在加快塑造和改变人类社会方式和生活方式的同时，对人类劳动本身也有深远影响的构造。一方面不断塑造新的劳动形态，另一方面对劳动及人类本身提出了根本性的追问：人工智能时代，人类如何面对传统或前现代意义的劳动？如何面对机器人劳动替代后的人与世界亲身交往问题？技术对生活世界有着越来越显著的构造，甚至说，技术不再作为一种工具或中介，而是把生活世界改造成为人与技术的关系构建，即人对自我与自然和世界的理解演变成人对技术的理解。人因为技术而割断了与自然、世界的直接接触，并因为缺乏对自然和世界的亲临而产生陌生感。这意味着，传统的劳作日益丧失或消失，技术对人的异化越来越显著，这也是阿伦特极为担忧的事件，即现代科技造成地球异化，进而破坏了人之原初境况。阿伦特认为，望远镜的发明颠覆了人们的日常经验和感性认知，但实际上它也同时

构建了人们的理性世界,作为人的新的条件重新塑造人类。人的境况往而不返,但人的日常经验和感性又是生活的必然内容。因此,在劳动形态日益分化的时代,劳动传统形态和新形态的教育整合,需要深入考虑;尤其是传统形态的体力劳动教育,蕴含着劳动精神和价值观的培养,在人工智能时代更能突显其独特的育人价值,需要重视起来。

二、劳动教育的价值追求

任何一种劳动都具有相应的价值,但这并不表明可以随意开展劳动教育。正是由于学校劳动教育的时空有限性,劳动教育必定有所选择,为此劳动教育必须聚焦于劳动教育的核心价值追求。也因此,确定劳动教育的基本价值体系是必要的。

前面讨论的劳动教育的时代意蕴,实际上也是劳动教育的主要价值旨趣:劳动教育把劳动作为自由的本质和人的根本生活方式,是促进人的全面而自由发展的有效手段;劳动教育把学生带到人与世界的亲在关系,可以修复技术对生活世界的侵蚀;劳动教育需要培育学生的奋斗精神并磨砺意志,以对抗物质时代的懈怠。这些都是劳动教育的时代价值所在。劳动作为人的自由本质体现和生活方式,表明劳动的解放问题,却没有回答劳动的精神问题,即劳动教育的政治内涵问题。此外,劳动教育促进人的全面发展不仅需要体现为一种教育理念,还需要体现为教育实践的操作模型和评估模型,比如我们试图构建的学生综合素质发展模型。为此,劳动教育有必要构建具体的价值指标体系,以更明确地发展学生的综合素养。一方面,构建相对完备的劳动教育价值结构,有利于统筹劳动教育课程或进行整体的课程设计;另一方面,构建确切的劳动教育价值指标,可以为专项劳动教育课程构建提供可行的依据或前提,即在学科教学实施的劳动教育无法完成某些价值指标的辨别中,构建确切的专项劳动教育课程。整体来看,需要构建以劳动态度和劳动精神为灵魂的、促进人的发展的劳动教育价值体系。

1. 树立正确的劳动价值观

正确的劳动价值观,不仅关系到劳动教育的课程建设及相应的劳动教育的开展,而且也是劳动教育本身的重要内容。马克思所认为的劳动创造出人类物质世界、社会历史和人类本身的观点,充分肯定了劳动在人类生活中的根本地位。树立什么样的劳动观,关系到人对自然和自我关系的认识和构建，关系到人的生命成长和生活方式的选择。当前开展劳动教育要帮助学生树立劳动光荣、不劳动可耻的劳动荣辱观；树立劳动创造财富、创造幸福的重要价值观；培育学生尊重劳动、热爱劳动、诚实劳动的价值观。应该说，劳动价值观念贯穿于一切具体劳动之中，教育部《大中小学劳动教育指导纲要》也要求"将劳动观念和劳动精神贯穿人才培养全过程，贯穿家庭、学校、社会各方面"。这不仅意味着培养劳动价值观念对劳动教育的广泛性提出了要求，也意味着任何劳动本身就是践行劳动价值观念。因此，劳动教育在培养劳动价值观念上有所突出并加强针对性，是新时代劳动教育的必然要求。

2. 培养劳动精神

劳动精神是时代精神的体现，培养劳动精神，一是培养学生的创造性劳动精神和精益求精的精神，这是技术发展对劳动形态塑造的必然要求，特别是人工智能发展对人的创造性劳动提出的挑战和要求。二是培养吃苦耐劳、艰苦奋斗等劳动精神，这既是传统的劳动精神，也是新时代特别需要强调的精神，社会越发展，越需要这种精神。三是培养自觉自由的劳动精神。促进人的全面而自由的发展，更需要通过劳动教育的实施，培养学生自觉把劳动作为个体的基本生活方式，作为创造幸福的根本方式。劳动精神培育如同劳动价值观念培育，都需要贯穿劳动过程始终并通过精心的劳动教育才能培育出来。

3. 通过体脑结合促进人的身心发展

劳动是运用工具改造世界的活动，人类的根本目的是在改造世界的同时促进人类身体、大脑及语言的发展，进而创造和发展人类本身。实际上，劳动本身也是人认识世界的重要方式，劳动通过人与自然打交道、或通过工具的使用与世界打交道，深化对世界的认识，或者创造人化的世界。同时，现代科学也已证明，劳动可以改善肌体的各项生理机能，促进身体发育，同时也能促进人的心理健康发展，包括促进人的意志、情感等各种品质的发展。身心和谐发展是人的全面发展的重要基础和内容。通过实现身与心联结的劳动，可以促进人的身心发展。

4. 促进综合素质全面成长

劳动教育在学生综合素质培养上具有综合性功能，因为任何一项具体的劳动往往都具备德、智、体、美各方面的育人功能。劳动教育在促进身心发展的同时，可以促进人的智能发展。因为身体的发展，比如感觉、知觉等身体机能的发展，本身也是人的智力发展的基础。不仅如此，劳动教育还可以促进人的创造力发展、情感和审美的发展等。劳动教育还可促进人的道德发展。这表现在，一方面通过与自然或世界亲身打交道，可以促进学生更好地认识自我；另一方面经由合作的劳动，可以培养人的合作精神等道德品质。正因为任何形式的劳动教育都包含综合育人功能，我们才需要考虑劳动教育价值的突显和重点，以便构建有效的劳动教育课程。比如在促进人的智力发展，特别是创造力发展和审美情感发展上，就应当更加关注劳动技能教育，关注创造性或探究性劳动的教育。在促进道德发展上，更应重视合作性劳动或集体劳动的教育。

三、学校劳动教育课程体系构建

（一）当前学校劳动教育课程建设中的问题

当前，中小学校劳动教育实施及其课程建设已获得广泛的重视，但仍然存在明显的问题。一是学校劳动教育课程缺乏整体的内容设计，未能通过开发专门的或专题性的劳动教育课程，建立起系统的劳动教育内容并实施相应的劳动教育。表面上看，不少学校的劳动教育内容广泛，涉及不同形态的劳动，但实际上对劳动教育课程内容并未有深入的考虑，基本上是按劳动领域来确定劳动教育内容的。二是劳动教育课程建设方式缺乏规划，内容缺乏整合，对于哪些劳动教育内容可经由学科课程或活动课程渗透教学，哪些劳动教育内容可经由专项课程实施教学，尚未明确区分。三是劳动教育课程建设缺乏明确的价值指向，或者说，劳动教育课程建设缺乏足够的论证，存在相当的任意性，未能遵照明确的价值指引构建相应的课程内容，比如奋斗精神的培育就未有很好的课程实施。四是传统劳动内容缺乏足够的课程安排。与日常生活的劳动教育及信息时代的科技探究性劳动教育相比，传统劳动，如农耕、植物栽培或农作物种植和手工制作类劳动，在学校课程体系建设中缺乏足够的重视。五是校外劳动教育基地建设有待加强，主要是校外劳动教育基地建设不足，其功能发挥不充分，与学校劳动教育场所的内容和功能也未有很好的区分，甚至存在教育内容和功能的重复。学校与企业、社区和家庭的教育分工也有待加强。

（二）劳动教育价值体系对学校劳动教育课程内容的整体建构

根据前面确立的劳动教育价值体系，可以对劳动教育课程的内容进行一个整体的考虑和设计。

一是要着眼于劳动作为人的自由本质的内涵和生活方式的价值所在，

加强全方位的劳动教育课程建设，提供丰富的劳动教育内容。从某种意义上说，这就是职业体验式的劳动教育。这种职业体验式的劳动教育可以促进学生对职业的实践认知，进而不仅是达成职业生涯教育之目的，而且更重要的是引导学生对世界有更好的认知。随着劳动形态的变化，特别是劳动分工导致的劳动类型多样化以及人工智能时代的劳动新形态，劳动教育必须增加多类型的劳动内容，以增强学生的职业体验。劳动教育在劳动作为生活方式的价值观培养上虽然依托于职业体验式教育，但与职业体验教育的内涵是有区别的。这也是劳动教育的独特价值之一。

二是要着重开发劳动价值观和劳动精神培养的课程。学校劳动教育课程在这方面有所欠缺，比如，吃苦耐劳精神和奋斗精神的培养长期以来在学校受到轻视。当前学校往往重视的是劳动合作精神的培养，或者劳动公益精神的培养，以及动手能力等方面素养的培养；或者说，我们比较关注劳动的现代精神内涵性东西的培养，而对传统的、也是中华民族精神的东西的培养有所松懈，因此我们必须加强意志品质或精神的培育。劳动精神培养也属于劳动教育的独特价值所在。

三是构建以综合素质为核心的劳动能力培养课程内容，即围绕德智体美诸方面发展，构建指向学生综合素质的劳动教育内容体系。根据学生综合素质评价指标体系，建立劳动教育内容体系并非很难，关键在于劳动教育是否可能以及是否需要建设独有的内容，这实际上取决于学科教学能否完成自身应担负的劳动教育任务。从这个意义上说，劳动教育在促进人的综合素质培养上应当更多关注和侧重于学科教学有所忽略的劳动教育内容。

（三）学校劳动教育多种组合的选择问题

学校劳动教育课程内容的整体设计，要统筹考虑现有学校课程体系中劳动教育的内容，在这个基础上，根据劳动教育的价值追求及现有劳动教育内容的缺失做系统补充。这一点，中共中央、国务院发布的《关于全面加强新时代大中小学劳动教育的意见》对大中小学劳动教育的内容已经有了框架性的要求。2020年7月，教育部印发的《大中小学劳动教育指导纲要（试行）》，也对大中小学校劳动教育的具体内容做了设计，同时也明确了劳动教育的途径与关键环节。比如规定"小学低年级要注重围绕劳动意识的启蒙，让学生学习日常生活自理，感知劳动乐趣，知道人人都要劳动"；"初中要注重围绕增加劳动知识、技能，加强家政学习，开展社区服务，适当参加生产劳动，使学生初步养成认真负责、吃苦耐劳的品质和职业意识"。从整体上看，内容设计是没有问题的，但问题在于，完备的劳动教育内容体系如何通过课程来体现。因为劳动教育的时间安排是有限度的，劳动形态的功能或价值也存在重合性，即一种劳动价值可经由多种劳动形态和形式实现或一种劳动形态和形式可实现多种劳动价值。同时哪些劳动教育内容可经由学科教学予以实施，也需要结合学校实际统筹考虑。因此，构建劳动教育课程体系，在整体指向劳动价值实现的前提下，可能存在多种劳动的组合或选择问题，在劳动教育课程开发上也存在多重组合的可能。为此，一方面要考虑具体劳动教育实施的可行性问题，即学校要根据自身的劳动场所条件、劳动课程开发条件以及社会可提供的劳动教育的可行性，结合具体劳动价值指向上的劳动形态系列的可替代性，或不同劳动形态的价值重合度，选择可行的劳动内容。比如培养吃苦耐劳或奋斗精神，必然可以经由多种劳动形式予以实现。或者说，多种劳动形式都可能在这种劳动精神的培养上存在价值重合。因此，学校应当选择简便可行同时又最能集中于此种劳动精神培养的劳动形式上。当然，尽管不同劳动形态教育在价值实现上存在相同性，但两种形态不同的劳动教育不可能在全部价值追求上都是相同的，所以选择具有很大的复杂性。也因此，只能根据具体劳动价值的实现，选择某一种劳动形态的教育，同时兼顾劳动形态的丰富性。或者说，整体上要统筹考虑劳动精神、劳动能力、劳动素养的培养设置相应的劳动教育课程，并在此基础上考虑劳动形态的多样性。另一方面要考虑到学科教学可以担负的劳动教育内容，以及系统考虑专项劳动教育的课程内容，实现专项劳动教育课程与学科渗透式教学相结合的课程体系。

（四）可经由学科教学完成的劳动教育内容

从理论上看，不少劳动教育价值的实现及其内容都可以通过学科教学来完成。比如劳动精神的培育、综合素质培养，都可以在学科教学中获得不同程度的实现。但从现实看，学科教学更多关注学科知识、能力的培养，对劳动教育内容缺少应有的关照。回归学科教学的本质，可以更多地担负起劳动教育课程的部分内容。

分别来看，德育主要是实践性的教育，虽然也强调道德认知教育，但终究是道德习性养成和道德行动的教育。德育的部分育人活动可通过劳动教育完成，劳动教育价值追求也可部分在德育中完成。不言而喻，道德是在交往关系或实践关系中产生的，无论是道德的自我教育还是他人安排的教育，都需要有实践环境。因此，道德教育实际上贯穿于所有学科教学或活动，当然也渗透于劳动教育过程。反过来说，道德教育只要注重实践教育，也必定包含一定的劳动教育。

智育主要通过学科教学完成，但智育既包括认知能力培养，也包括实践能力、探究能力培养，学科教学中的动手制作、探究类教学活动，既是促进人的智力发展，也是培养创造性劳动能力的教育。而且，劳动能促进人的感官发育或身体发展，更能促进人的心智发展。甚至，劳动教育有时候未必具有明确的生产对象，但仍然可以促进人的心智发展。学科教学只要注重核心素养培养，真正回归生活，注重以问题为中心的探究性学习，注重活动式学习或项目式学习，就必然在一定程度上实施了劳动教育。

体育是通过专门的训练，包括队列、田径、球类运动、体操等活动形式，促进身体健康发展或身心发展的教育。而劳动教育也可以表现为另一种形式的身体教育，因为任何劳动都包含着身体的协调运动，但并非所有的劳动教育内容对身体发展都能起到显著的促进作用。因此，体育可以与劳动教育相结合，但体育无法替代劳动教育。当然，体育通过形式的而非内容的改变，比如安排一定强度和时间长度的体育运动内容，以更好地培养身体的耐力、意志力，就可以起到劳动精神培养的目的。事实上，训练人的身体和心理耐力、意志力或奋斗精神，也是体育的核心素养或基本目的。

审美活动包括鉴赏美、发现美和创造美，或在认知活动或在实践和劳动中进行。特别是艺术创作活动，比如音乐舞蹈的编排活动、美术雕塑或手工创作活动，必然包含劳动教育的内容或目的。反过来说，劳动教育在培养人的审美素养上既有可能也有必要，劳动不是机械的动作重复，也不仅是生存的需要；劳动不仅包含着艺术性的发挥，而且本身也是创造性的身心结合过程。同时，按照马克思主义的观点，劳动应当成为自由自觉的生活方式，因此说，劳动过程本身就是一个审美过程，归根结底，劳动教育的根本目的在于促进人的全面自由发展。把握审美教育的真谛，一方面可以内在地实施部分劳动教育内容，另一方面也与劳动教育的根本追求相一致。

总之，学科教学或活动教育，只要回归生活，着力培养学科核心素养，或者真正把握本学科的教学特点，就可以在不同程度上实施劳动教育，并与劳动教育的追求保持一致。问题在于，学科教学总是存在或多或少的缺失，总是在核心素养培养或把握学科教学特点，促进人的全面发展上存在某些欠缺。因此，劳动教育需要紧紧把握自身的价值追求，并在整体的课程设计上统筹考虑，在促进人的德智体美诸方面发展上均应有所专注和侧重。也就是说，既要考虑到经由学科教学实施的劳动教育的可能，又要考虑到在学科教学实施时劳动教育的不足，进而加强专门的劳动教育课程建设。

这里要反对把劳动教育内容与学科渗透进行简单地对应，比如在语文、英语等学科中强调劳动价值观教育，在物理、生物等学科教学中渗透动手能力教育。实际上，任何学科教学都可以开展劳动价值、劳动精神和劳动素养或能力教学，学科渗透的关键在于学科教学方式的采用，与学科内容并没有必然的对应关系。因此，劳动教育内容在学科间存在重合的可能，课程建设必须改变同一类劳动教育内容上的重复教学现象，为此需要进行课程间的整合。比如，实现劳动教育内容与思想政治理论课程、德育课程、综合实践课程、生涯规划教育课程、"创客"教育课程等相整合，结合各相关课程特点，设计各自的劳动教育内容重点，避免同一内容的重复。

（五）专项劳动教育课程如何建设

劳动教育有自己的系统内容和课程边界，但其中的若干内容往往可以在别的课程中得到实施，甚至说，同样的教育内容既可以看成劳动教育内容，也可以看成其他课程的教育内容。同时，劳动教育指向人的全面发展一定是有所选择和侧重的，不可能实现全方位的关照。依据什么确定专项劳动教育的内容需要更深入的思考。

一是要考虑到劳动教育的独特价值实现。从劳动教育价值体系看，劳动习惯、劳动技能、劳动精神的培养应当成为专项劳动教育内容及其课程建设的首要考虑，这也是学科教学难以承担或承担不足的劳动教育内容。所谓劳动习惯或态度培养，必然是通过经常性的劳动，比如日常生活劳动来实现，往往是学科教学难以承担的。培养劳动习惯，既是树立劳动光荣和劳动创造财富或劳动创造世界的观念的需要，也是培养劳动成为生活方式的需要。诸如奋斗精神，包括吃苦耐劳精神的培育，也非一般的学科教学能够完成的，需要有独特的内容设计。奋斗精神作为"六个方面下功夫"的重要内容之一，是人生重要的精神品质，与智力因素同等重要，也是理想信念教育和爱国主义教育的重要抓手。劳动技能是创造美好生活和创造世界的必要，生活是人生的全部和根本所在，缺乏劳动技能就无法创造生活。劳动技能教育需要知识作为基础，但更需要心与身的结合。学科教学虽然也有劳动技能的培养，甚至说几乎是脑力劳动技能的培养，却或多或少缺乏心智与身体统一的劳动技能培养。不仅如此，劳动作为生活的必要，贯穿于生活的全部和始终，绝不仅仅表现为对世界的体验或身体参与，或促进人的心智发展，而是具有本体论意义的。也就是说，劳动是生活的根本方式，需要一定的技能和奋斗精神才能创造出更美好的生活。从这个意义上说，专项劳动教育内容应当把劳动观念或态度、劳动技能以及劳动精神的培养作为自己的方向或灵魂。

二是要考虑学科教学在劳动素质培养上的薄弱内容。凡是经由学科教学可以担负的劳动教育内容，则无需独立设置专项的劳动教育内容；凡是学科教学承担的劳动教育内容薄弱环节，则需要纳入到专项劳动教育内容，并应有所侧重和突出。学校现有课程体系虽然不乏对实践能力和探究能力的培养的内容，但相对于过分知识教学而言，仍显薄弱。因此，应当把手工创作、实践性活动和探究性活动纳入专项劳动教育，加大课程建设力度，以增强学生实践能力和创造性劳动素养。此外，职业体验教育在生涯规划教育课程中有体现，但还是以体验为主，劳动教育的性质体现不够，对此需要增强以强化学生职业体验为专题的劳动教育内容，或者经生涯规划教育课程进一步强化劳动技能教育。

三是要考虑传统劳动内容的课程设计。传统的劳动形态，包括农耕劳动、手工业劳动以及传统生活劳动等，是增进人与自然亲身交往、更好认识世界的重要内容。不管人工智能发展到何种程度，传统形态的劳动对于促进人的感觉、知觉等身体机能的发展、促进身体参与其中的世界方式的构建，仍然至关重要，甚至说超越于现在诸多的信息技术性劳动的作用。这是因为传统形态的劳动是人与自然世界的直接交往，是身体与自然世界亲身打交道的过程，身体并未改变世界，而是在其中与世界相融合，直接构建了自我世界。而现代形态的诸多劳动则是身体与工具打交道，或者说，身体与人造的产品打交道，并通过工具的发明或创造改变着世界，而非直接参与世界。而且，一些传统形态的劳动基本消失，因而传统劳动教育对于我们来说也是一种文化的教育与传承。因此，对传统形态的劳动需要引起重视并把其纳入到专项劳动教育内容中来。当然，传统形态劳动教育内容的整体安排也要考虑到其课程供给的可行性，并据此寻找替代性的课程内容。

（六）学校劳动教育课程供给的协调

学校劳动教育内容及其课程体系的整体设计，并不代表所有的课程均由学校独自实施，这里面涉及学校、社会（包括企业和社区）、家庭各自在劳动教育供给上的分工问题，其中的核心问题是要建立多样化的劳动教育场所。劳动教育不能没有场所，但问题是学校的空间总是有限的，不可能提供所有的劳动教育内容，因此必然要建立校外劳动教育基地，包括统一建设的专门劳动教育基地和建在企业、社区或其他场所的劳动教育基地，但各自的功能和课程内容应有所区别，需要统筹安排。

首先，建好校园劳动教育场所。要充分利用好校内空间，因地制宜建好校内劳动教育场所，这是因为学校提供的劳动教育场所存在着教学的便利性。学校的校园空间虽有限，但再小的空间仍然可以通过分批次的教学安排实施劳动教育。科学的空间安排，对学校劳动教育来说是必要的，包括学校的教室、后勤场所、卫生场所、功能室、顶楼平台及校内其他建筑空间，都可以用来提供合适的劳动教育。从广泛的学校实践看，不少的劳动教育内容都可以在校园内得到实施。但校园内实施的劳动教育不应该追求内容的广泛性，而是应当追求简洁和务实有效。比如，以学生自主清洁卫生为场所的劳动教育就是培养吃苦耐劳精神的有效方式，探究、种植、生活等劳动教育内容可以依托校园的各种空间散点式进行。整体上需要根据劳动教育内容与校园劳动教育场所建设的可行性进行统筹设计。这里面存在一个双向协调的问题，一方面需要根据劳动教育内容的整体设计，论证校园劳动教育场所建设的可行性；另一方面需要根据校园劳动教育场所建设的可能性及劳动内容的替代性，调整可由校园劳动教育场所提供的劳动教育内容的组合。

其次，建好校外劳动教育基地。需要以区域为单位统一规划建设专门的校外劳动教育基地，但校外劳动教育基地也不可能是广泛建设，尤其是城市的土地资源毕竟紧张，同时也涉及建设费用问题，因而其可以提供的劳动教育必然有限。为此，校外劳动教育基地应提供的必然是家庭、社区、企业以及校园难以提供的劳动教育内容，比如以提供传统形态劳动教育内容为主的场所。当然，由于家庭在提供劳动教育上毕竟存在差异，企业或社会提供的劳动教育也存在供给能力的限制，至少在承担量上是有限的，而且也存在一定的教学不便性。因此，应当尽可能建设专门的校外劳动教育基地——既可由政府投资建立，也可鼓励社会机构投资建立。

最后，共建劳动教育基地。除家庭需提供必要的日常生活劳动教育外，社区、企业也有义务承担自身能够提供、也是学校所需的劳动教育课程。为保障课程提供的固定化，学校有必要与企业和社会建立合作机制，共建劳动教育基地。不同主体共建的劳动教育基地应当在属性上有所区别。其中，企业可根据自身条件，即依托企业自身生产场所，以提供职业体验式劳动教育为主；社会，主要指企业、事业单位，以提供科技实践性劳动教育为主；社区以提供公益性劳动教育为主，条件允许的可建立专门的服务性劳动教育基地。

第九章　区域推进教育评价改革

2018年9月，习近平总书记在全国教育大会上指出，要深化教育体制改革，健全立德树人落实机制，扭转不科学的教育评价导向，坚决克服唯分数、唯升学、唯文凭、唯论文、唯帽子的顽瘴痼疾，从根本上解决教育评价指挥棒问题。教育评价中的顽瘴痼疾是如何形成的，为什么难以突破？突破的路径何在？教育评价并非完全是一个技术问题，构建一个理想的教育评价体系，包括评价指标体系、评价方式及评价结果应用机制，是完全可能的。事实上，中共中央、国务院印发的《深化新时代教育评价改革总体方案》从党委政府教育工作评价、学校评价、教师评价、学生评价及用人评价五个方面构建了教育评价改革的理想蓝图。但在现实中要落实教育评价改革，仍然存在不少难题。这表明，教育评价改革一定存在体制机制性障碍，这种障碍不仅是一种权力和利益问题，而且还可能是广大家长和学生的切身利益问题、各相关者的适应问题，即评价改革是否可行的问题。因此，教育评价改革既需要顶层设计和整体的统筹，规划好渐进改革的道路，也需要有区域的实践探索。也就是说，在评价改革的根本性障碍未能获得突破前，我们仍然可以有所探索和前行。

一、教育评价改革的核心问题

教育评价改革是一个系统工程，但其中最具根本性的是学生综合素质评价改革，因为教育的根本目的是育人。学生综合素质评价改革决定着其他方面的教育评价的主要指标或重要内容，可以说，学生综合素质评价改革决定着其他方面教育评价改革的成败。当然，综合素质评价与其他方面教育评价改革也可以存在一定的分离关系，即在学生综合素质评价改革未取得突破前，教师评价、课程评价以及用人评价等也还是可以有所作为的。

应该说，学生综合素质评价改革还是为社会所认同的。其难题并非完全在于学生综合素质评价指标体系的构建以及相应的操作可行性，而是在于考试制度改革问题。实际上，知识应试教育对学生综合素质评价改革影响极大。应试教育不改革，学生综合素质评价改革就很难顺利推进，甚至说，应试教育加剧了学生综合素质评价的压力。缺乏健全的立德树人机制或育人体系，单向突破学生综合素质评价改革很难取得根本性成功，很可能把综合素质评价引向形式或使其变得无足轻重，并进而在整体上增加了学生的学业负担。

我们对综合素质及其指标体系还是存在或多或少的误解。学术界对综合素质的理解也存在分歧，主要困惑在于：综合素质究竟是指多方面素质的简单组合，还是作为一种综合性的能力或素质。一种观点认为，"综合素质"就是各种素质和能力的集合，意味着全面，可以划分为包括思想品德、学习能力、身心健康、实践能力、个性发展等各个领域。另一种观点则反对把综合素质改成为诸种素质和能力的集合或组合，认为"综合素质"就是一种可经测量或表现的综合性的能力和素质，与理解能力、分析能力同类别。[①]

显然，从理论上判断，综合素质绝对不是各个方面素质的相加，人的全面发展也不是各方面发展的简单累加。从立德树人任务来说，人的全面发展的根本要义在于人的身心健康、具备相应的认知水平、进而获得正确的自我认知，并从根本上超越他物而不是为物所异化，成为自由发展和获得幸福生活的人。国家制定综合素质指标体系，是对学生发展的普遍性检测而不是对具体人的素质的简单判断。其目的是为政府的教育投入及其他条件保障、课程设置以及教学改革提供检验的依据，或者作为学校办学绩效评估的一个重要依据。实际上我们在日常生活中也很难根据某种综合素质指标体系来对人进行简单的判断，因为个体的幸福并非是素质或能力的组合水平，某种能力或素质的欠缺并不会影响个体的发展和获得幸福的生活。人其实总是存在欠缺的、不完美的。但是，综合素质在实践应用中也必然要体现一套涉及各个方面的诸种指标体系，否则无法操作。同时，强调诸方面的综合素质，也有利于纠正或改变只注重知识学习而忽视实践和创新能力培养等其他方面的问题或现象，因此作为素质和能力集合意义上的综合素质指标体系及其评价也具有实践价值。而且，更加注重全面发展的综合素质评价采取学生学习和发展的过程性记录方式，目的也是要突破"唯分数"和"一考定终身"的评价定式，从关注中高考及一次性考试结果转移到关注日常教育教学与学习。从这个意义上说，不能从简单对立的

---

① 董秀华. 综合素质评价实施过程中的共识、争议与隐忧［J］. 教育发展研究，2020（22）.

关系来理解"综合素质"概念,一方面需要有形而上的思考,并以其作为实践操作的指引;另一方面又需要有形而下的操作性指标框架,用以检测国家教育发展战略与教育发展水平以及学生综合素质的普遍水平,同时也用来检验评估个体综合素质发展表现。需要明确的是如何评估个体综合素质表现,是以记录的方式体现学生综合素质发展现状还是以其他方式呈现学生综合素质发展水平,这是需要研究的问题。其中,需要反对的是对学生综合素质表现按指标分别赋分,并进行简单的分值加权统计。此外,综合素质评价在中高考录取中占的比值问题也值得研究,如果占比不大,即学业成绩仍然占主要比值,虽然可能改变唯分数现象,但也可能增加学生的学习负担,特别是在教学方式没有改变的情况下。

同样,所谓德智体美劳全面发展的内涵,既需要以马克思关于"人的全面发展"理论作为指导,也需要有诸领域具体指标作为支撑。身体是基础,智力是核心,德和美是根本,劳动是生活方式的存在。从这个意义上说,综合素质指标体系中,智力发展居于核心。这无论对个体还是对国家战略来说,学业评价仍然是综合素质评价的重要部分。因此,综合素质评价的问题并非在于德、体、美、劳诸领域的评价比值不充分的问题(固然需要更加重视这几个方面的发展,甚至说,道德或劳动精神有时候是决定个体素质或全面发展的关键性要素),而是在于学业评价本身出了问题。

学业评价问题在于考试命题制度存在问题,特别是中高考命题制度存在问题。考试命题制度改革是学生综合素质评价改革的核心要素,进而也可以认为是整个教育评价的关键,决定着教育评价改革的整体进展。如果命题改革没有获得突破,则课程与教学改革也很难取得突破,学校办学绩效评价、教师评价以及学生评价,都必然是依照现有的标准实施,无法从根本上获得科学的评价,难免说没有问题,甚至说加剧了课程与教学改革的难度。考试命题并非是个纯粹的技术问题,应当说,我们完全知晓考试命题的理想样态,知道我们需要什么样的考试命题,教师们也可以具备新的考试命题能力,但问题就在于我们难以按照理想设计实施考试命题改革。道理很简单,改革力度大的命题面临着学生、教师都无法适应的问题,同时也面临着家长和社会的质疑和焦虑。

其中最需要改革的是高考命题。有人把新中国成立后的我国高考制度划分为控制型高考、选拔型高考、共生型高考三个阶段,并认为未来高考改革应在坚持立德树人根本任务的基础上,统筹好统一性和差异性的关系，构建引导学生德智体美劳全面发展的考试内容体系，拓展个性化制度空间。① 应该说，近些年来的高考改革主要是在统一性和差异性或个性化的关系上做文章，主要的做法可以概括为三个方面：一是国家统考和地方自主考试相结合。自 2014 年启动高考综合改革以来，实行地方自主考试的省市包括北京、上海、天津、浙江和江苏，其他省份均为全国统一命题和自主命题相结合。二是学业水平考试具有可选择性。高中学业水平考试在考试科目上具有一定的选择性，可以说是近些年高考综合改革的亮点和着力点。无论是上海的"6 选 3"模式、浙江的"7 选 3"模式，还是"3+1+2"模式，都是为了在高考考试制度上探索更好地满足个体差异化发展需求。三是推行学生综合素质评价多样化。学生综合素质评价改革也是高考综合改革的重要内容。全国共 14 个试点省市相继推出学生综合素质评价方案，应该说，在实施过程中还是遇到了不少问题。从高考综合改革的任务来看，未来还需要在国家统考基础上照顾区域差异化发展的需要、关照学生个性化发展需要以及适应不同大学和学科人才选拔的需要等几个方面进行探索。② 但是，国家选才需求、统考与个性化发展间永远存在一个平衡关系，即个性化发展毕竟是相对的和有限的。因此，高考综合改革不能仅仅停留于此，无论是国家统考还是地方自考，考试内容或命题都需要进行大的改革，从根本上改变应试教育，重点考查学生的学习能力或素养、应用综合性知识解决问题的能力，并关注学生正确的价值观念、必备品格以及关键能力，构建引导学生全面发展的综合素质评价体系。

应当说，与高中新课程改革相配套，高考命题也进行了适应性的改革探索。高中新课程及课程标准，既通过必修、选择性必修与选修三类课程内容设置，关注到个体个性化学习需要；也通过依照学科核心素养发展目标分模块对学科课程内容进行相应的调整设置，关注到知识的综合性学习和问题解决的新要求。与此相适应，高考命题也在渐进性地改革探索，主要表现为：以各学科核心素养为指引，加强教学与考试的衔接；"创新试题试卷设计，通过设计多选题、结构不良试题、任务驱动型试题等新题型"，逐步增强试题的综合性、应用性、开放性和创新性，"以阅读理解、信息整理、应用写作、语言表达、批判性思维和辩证思维六项关键能力为突破口，突出对学生独立思考、逻辑推理、信息加工、语言表达和文字写

---

① 谢维和. "十四五"高考改革：拓展个性化制度空间［J］. 中国考试，2021（1）.
② 谢维和. "十四五"高考改革：拓展个性化制度空间［J］. 中国考试，2021（1）.

作等关键能力的考查",从传统的"知识能力立意"评价走向"价值引领、素养导向、能力为重、知识为基"的综合评价。① 但从总体上看,还是注重于知识考查,开放性命题欠缺;虽然命题形式有所变化,但从考试题量以及强调标准答案来看,终究是考查知识性的认知水平。尽管引入了诸如不良结构试题这样的题型,重点考查学生的理解力、洞察力、思维能力、逻辑推理能力等,这确实非常重要,并且需要进一步加大此类题型的权重,但终究还是存在既定答案,必然也引致教学上的反复训练。增强试题的开放性,减少死记硬背和"机械刷题"现象才是高考命题改革的重心。因此,高中新课程改革虽然在学科课程内容上专门设置了研究性学习,但仍然只是作为一种补充,整体的教学仍然是传授式教学。实际上,研究性学习应当贯穿于所有的学习过程或至少是主要的学习过程,但在现有高考命题下,研究性学习仍然很难获得全面推进。

  中考试卷由地方命题,但因为必须与高考相衔接,改革的空间也同样具有局限性。考虑到教学与考试的衔接,如果教学没有大的改变,则考试也不可能有大的改变;反过来,如果考试不做大的调整,则教学也难以获得大的突破性改革。因此,两者需要配套、协同与渐进式推进。中考命题的问题同高考命题的问题基本相似,虽然在试题的综合性、应用性、开放性上已有不少改革,也更加强调关键能力的考查,但命题仍然是以知识考查为主,试题的开放性不够,难以引导教与学走出死记硬背和"机械刷题"现象。与此相类似,义务教育课程改革虽然也倡导综合性学习、探究性学习、项目式学习等新的学习方式,强调关键能力的培养和考查,但仍然以知识传授式教学为主。

  命题改革的出路在哪儿?唯一的路径就是遵循渐进性的原则,一是要逐步加大关键能力的考查力度,强调综合性知识学习、应用知识解决实际问题的能力,增强情境性命题设计,特别是增强开放性命题比例,减少或消除死记硬背的知识考试。至少应在开放性命题上先行实现单向突破。二是要优化试题量,改变试题量偏大的现象,以综合性知识应用考查代替各学习模块的知识性试题,整体上控制试题量,以更好地检测或考查学生的思考能力、想象力及探究解决问题的能力。三是要加快推进日常考试改革。日常考试不改革,中高考改革就难以顺利推进。为此,必须加强对日常考试命题的研究与顶层设计,统筹日常考试命题的题型结构、考查重

---

① 林蕙青. 全面推进高考内容改革,助力建设高质量教育体系 [J]. 中国考试,2021 (1).

点，加强日常考试命题库建设，并对学校各学科日常考试命题进行审查，逐步减少知识性考查。与此同时，必须同步加强基础教育课程改革，进一步优化课程内容，重视以关键能力为基础的、以项目式和研究性学习为主要学习方式的课程改革与教学方式改革。

二、教育评价体系的可能构建

考试命题改革是整个教育评价体系的核心。考试命题改革不到位，仍然是以知识性学习考查为主，无法从根本上构建起以综合性学习、应用知识解决问题等关键能力的考查体系，并真正构建起德智体美劳全面发展的评价体系。那么，对学校、教师、学生的系列评价都可能存在这样或那样的问题。当然，在考试命题改革未取得突破前，教育评价体系建设仍然存在一定的空间。

教育评价体系涉及地方政府教育履职、学校办学绩效、教师发展、学生发展、用人评价五个领域，最为关键的是学校办学绩效评价，因为学校办学绩效评价实际上也涉及教师评价、学生评价等领域。并且，完善中小学办学绩效评估体系，是全面深化教育评价改革的重要内容，关系到我们需要什么样的教育这个方向性问题。但从实践看，区域中小学办学绩效评估指标体系还不够科学，突出全面性而淡化了核心指标，且未能建立起能够指向实质内容的观测点，甚至诸多观测点流于形式，难以体现真正的办学绩效。同时，缺乏有效的评估机制，评估方式尽管实现了多样化，但缺乏量化工具，尤其是没有很好建立起评估结果应用机制，进而难以落实立德树人根本任务。为此，必须深化中小学办学绩效评价改革。

一是完善区域中小学办学绩效评估指标体系。各地都建立了义务教育阶段学校办学水平督导评估办法，主要是从领导与管理、课程与教学、教师发展、学生发展等几个方面构建指标体系和观测点进行全面评估。但问题在于，如何对以上几个方面进行科学的有效考查。比如，考查领导与管理，重点要考查学校班子落实党的全面领导、加强和改进学校党的建设以及做好思想政治工作和意识形态工作、依法治校办学、维护安全稳定等几个方面，这可以从日常的制度建设与党组织生活情况进行考查。但难题在于，如何考查校长的领导力？恐怕不能简单地根据校长听课、参与教研次数以及教师的满意度等方面表现情况进行检测，必须建立核心的评判标准进行专业的判断。校长的领导力，包括日常的行政管理能力、办学理念领导力、规划领导力、课程领导力、教师发展领导力等。考查校长的日常管理能力并不难，可以通过学校管理的各个环节或细节进行观察，包括学校是否制订明确的管理规范并按规范执行、是否建立起明确的管理流程、工作执行是否无障碍或存在相互扯皮及推诿现象以及是否存在执行上的形式主义等。考查校长的办学理念则没有那么简单，要着重考查办学理念是否贯穿到学校的课程建设和学科教学改革中去，而不是看有无办学理念，甚至也不在于讨论办学理念本身是否科学的问题，包括办学理念是否围绕国家课程的创造性实施构建起系统的操作框架而不是停留在形式上，以及办学理念是否有恰当的举措、路径、实施项目或平台作为支撑，进而落实到学科教学改革之中并促进学生相应的发展。因此，这是一个专业的判断问题，不能仅仅根据学校办学规划文本材料本身做出判断。考查校长的课程领导力，重点要考查学校是否构建起了明确的学校课程体系、校本课程开发是否积极主动并形成体系、课程开发是否代表改革方向并获得积极的保障和支持。特别是要考查学校课程建设，包括国家课程的创造性实施和校本课程开发，是否系统或有特色，以及是否完整地落实了校长的办学理念。一方面要考查校长对学校课程建设的整体规划能力，考查其课程设计是否代表前沿方向；另一方面要考查教师对学科课程开发的落实情况，以及引导教师推进学科教学改革的能力情况。

同样，考查学校的课程与教学，也必须构建专业的核心指标体系，包括国家课程是否开齐开足开好、国家课程是否得到进一步的开发、是否紧紧围绕立德树人根本任务深入落实，是否深入推进了"六个方面下功夫"的实施；重点要考查课程的质量、学科教学改革的深入程度以及改革方向的引领性或代表性、实践模型的可操作性，而不能简单地根据课程开发的数量或个别特色进行判断。同时也要考查校本课程体系是否相对丰富、是否形成明确框架、校本课程开发是否深入和形成特色以及校本课程是否主要围绕国家课程而开发。考查学科教学，要考查其围绕学科核心素养培养以及学科课程学习内容模块探索若干方向的教学改革模型情况，形成若干引领性的教学方式情况；考查学校探索综合性学习、项目式学习、研究性学习等学习方式是否成为教学方式的主流。其指标向度参见表1。

表1 学校课程体系建设考查指标

领域	指标内涵	主要观测点
国家课程实施（学科教学方式）	1. 学科教学是否基于学科自身特点 2. 学科教学是否围绕学科核心素养培养进行方式变革 3. 学科教学是否根据课程内容模块进行教学方式开发	1. 学科教学方式是否形成引导性方向 2. 活动式学习、综合性学习、研究性学习是否成为主流 3. 学科教学方式是否具有科学性（是否激发学生兴趣、是否遵循身心发展、认知发展规律）
国家课程拓展与深化	1. 紧紧围绕国家课程进行内容拓展与深化 2. 内容的拓展与深化能够形成相应的教学方式	1. 学校课程体系是否具有明确的框架并相对丰富 2. 学校课程开发是否形成支柱性课程及特色课程 3. 活动式学习、综合性学习、研究性学习是否成为主流 4. 社团课程是否丰富 5. 课程形式是否多样化
国家课程延伸性开发	1. 对国家课程进行延伸性开发 2. 个性化课程形成相应的教学方式	

学校的课程体系建设、课程开发与相应的教学改革是一个专业的工作。因此，课程与教学的评估必须有同行专家的专业判断。问题是，对学校课程与教学改革的评价是独立进行还是要结合学生的学业成绩进行评价。从理论上说，应当结合学生学业表现对课程与教学改革进行评估。但是，如果考试命题没有得到有效改革，仍然以现有命题实施学业表现评价，并进而以此作为课程与教学评价的主要依据，则必然存在问题，至少对课程与教学改革的评估而言是不公允的，甚至说不利于课程与教学改革的积极探索与深入推进。当然，学生学业表现对学校课程与教学改革的评估而言也并非无参考价值，甚至应当成为其中的重要指标，但不能作为唯一指标用来简单判断课程与教学改革的成败。对课程与教学改革的绩效评价，应当在表现形式与实际成效之间做出区分，其中尤其要对课程与教学改革的表现形式做出相对独立的专业判断。

如果一个学校的课程与教学改革从表现形式上看是好的，或代表着未来的方向，那么就应当给予肯定的评价。至于其实际成效的评价则是一个复杂的问题,因为课程和教学改革与学生情况密切相关。我们经常讲,适合学生的教学就是好的教学,但问题在于何为适合,是否就是以学业表现作为好的教学的检验标准。以学业分数作为检验标准本身就是现在教育存在的问题。即便以学业表现作为检验标准,仍然存在"机械刷题"以提高成绩的现象,不利于支撑课程与教学改革的探索和推进。有些学校正是通过刷题,而非通过课程与教学改革提高了学生学业成绩,如果我们还是以传统指标对学校进行评价,实际上就是变相否定了其他的学校课程与教学改革。所以,"适合学生的教学就是好的教学"这句话是存在语境的。课程与教学改革的表现形式与实际成效的评估应当分开进行,不能简单地用实际成效来否定课程与教学改革的探索其参考指标如表1。

考查教师发展水平,必须从教师专业发展的角度,除了构建包括名师成长数量、学科竞赛获奖、职称晋升等方面的量化指标外,还要考查教师的专业道德、课程开发、学科教学改革推进情况以及学生思想工作情况。教师专业道德有别于教师职业道德,重点指向教师在教学过程中是否尊重学生的个性发展、独立思考及创造精神,是否造成学生过重的学业负担或精神负担以及是否真正关心学生的精神成长。因此,考查师德要重点考查教师是否在尊重学生、关爱学生上形成专业道德,日常生活和学习生活中是否恪守专业道德、是否存在师德失范现象。考查教师的教学,应重点考查教师是否采用新的教学方式,或是否沿用传统教学方式强化学生机械记忆和刷题,是否促进学生的学业发展和全面发展以及是否给学生造成学业负担或精神负担。

其中,师德考核主要采取消极和积极两种进路,即实行师德失范和重大师德表现两种考查相结合。师德是教师在长期的教学生活中形成的道德规范养成,体现为日常的细节性道德表现,很难采用全景式的记录办法。而这两种进路及两种表现的考查具有显著的可观测性和操作性。具体可参照表2。

表 2　师德失范考查量化指标体系

考核领域	一级指标	二级指标	主要观测点
思想政治规范	1. 拥护党的领导，增强"四个自信"，热爱祖国，遵纪守法	1. 妄议中央 2. 散布有违"四个自信"的言论 3. 诋毁和攻击党和国家领导人 4. 组织和参与非法集会、结社、游行、宗教活动	日常言行访谈式考查
	2. 学习、引领和践行社会主义核心价值观	1. 传播迷信、谣言 2. 在网络或公共场合散布有违核心价值观的思想和言论	日常言语访谈式考查
	3. 加强政治理论学习，提高思想理论水平和修养	1. 经常未按规定参加政治理论学习 2. 不了解国家大政方针和形势，思想模糊	学习记录与学习过程考查
业务规范	1. 遵守教学规范	1. 上课迟到或提前下课 2. 在工作时间内做与教学无关的事情 3. 违反有偿家教相关规定 4. 未按教学大纲教学 5. 经常未能按时完成作业批改	规范性检查
	2. 注重业务学习	1. 未能完成规定的继续教育课时 2. 长期疏离教学改革探索 3. 教学方式方法陈旧，不适应学生需要 4. 课件常年不更新	1. 重点考查是否采用研究性学习等新的教学方式以及传统教学方式占比 2. 教学听课抽查
	3. 恪守学术规范	1. 在职称评审、荣誉奖励申报等方面弄虚作假、拉票 2. 剽窃抄袭他人成果	举报记录考查
	4. 廉洁从教	1. 经常向家长索取财物 2. 向学生推销课外书籍	举报记录考查

续上表

考核领域	一级指标	二级指标	主要观测点
教书育人规范	1. 尊重学生	1. 歧视、侮辱、讥讽学生 2. 体罚或变相体罚学生 3. 粗暴反对学生的新想法 4. 大声粗暴或以脏话训斥学生 5. 作业布置过多 6. 讲授过难过深，制造学习负担	面向学生的问卷调查
	2. 关心学生	1. 缺乏与学生和家长的有效沟通 2. 不关心学生心理发展 3. 不关心有困难或有帮助需要的学生	面向学生和家长的问卷调查
	3. 激发学生学习积极性	1. 授课枯燥乏味 2. 照本宣科，缺乏启发性教学 3. 很少鼓励和表扬学生	面向学生的问卷调查
	4. 科学评价学生	1. 以分数衡量和区分学生 2. 以个人好恶差别评价与对待学生 3. 看不到学生成长过程，缺乏及时鼓励 4. 看不到学生特长	面向学生的问卷调查
为人师表规范	1. 遵守公共道德规范	1. 有不良信用记录 2. 公共道德失范	相关记录考查
	2. 修炼道德情操	1. 私生活混乱、参与赌博 2. 着装不得体、不修边幅 3. 脏话连篇	日常观察
	3. 集体观念强	1. 挑拨离间、若是生非 2. 同事关系糟糕 3. 落井下石	教师问卷或访谈式考查

说明：此指标系作者为深圳市教育局制定的师德考核指标，此处有诸多修订。

考查教师的专业发展水平，也面临如课程教学改革评价存在的同样问题，即结合学生学业表现还是独立进行考查问题。一方面，要对教师教学水平进行专业考查,并结合教师的专业道德、做学生思想工作等情况进行专业判断;另一方面,要根据学生学业表现以及综合素养培养情况,对教师专业发展进行综合判断。如果根据两个方面进行独立判断,则可能出现两种极端情况:一种情况是教师的教学水平或教学改革获得肯定性的评估,但教学实效糟糕,两者间落差大;另一种情况是,教学无探索,但善于搞"机械刷题",学生学业成绩有提高,两者间落差也很大。因此,这两方面的评估既要相对独立又要相互关联。

考查学生发展情况,可以结合国家义务教育质量监测与区域构建的学生综合素质评价体系进行。其中,考查学生关键能力培养可以通过日常考试进行评价,无需专门建立一套评估体系;对关键能力外的其他综合素养培养情况,则可以另行构建一套评价系统。学生综合素质评价体系构建比较复杂,将在本章第三部分重点讨论。

构建学校绩效评估模型。由于考试命题方案尚待改革完善,课程与教学改革也还需要更深入的探索,对学校、教师、学生无法按现有标准进行准确的评价,进而很难从绝对意义上进行学校办学评估。为此,应当构建学校办学绩效的增值评价模型,即重点立足于考试命题改革,着眼于与考试命题改革相适应的课程与教学改革,以及学生学业进步及综合素质发展,对学校进行增值性评估。其指标参见表3、表4。

表3 基础教育阶段学校办学绩效评估体系

一级指标	二级指标	主要观测点	备注
校长领导力	1. 办学理念领导	1. 是否提出明确的办学理念 2. 办学理念是否围绕国家课程的创造性实施构建起系统的操作框架 3. 办学理念是否落实到学科教学改革之中并促进学生相应的发展	以"让每一个学生都精彩"办学理念为例,要考查课程开发与学科教学中是否构建起促进学生出彩的举措、方式、路径和平台等
	2. 规划领导力	1. 是否制订系统的学校发展规划 2. 规划是否有举措与项目 3. 项目和举措是否正常化落实	采用查看材料进行专家判断

续上表

一级指标	二级指标	主要观测点	备注
校长领导力	3. 日常行政管理	1. 是否制定明确的管理规范并按规范执行 2. 管理流程是否明确 3. 工作执行是否无障碍	采用材料查看、问卷及访谈方式进行
校长领导力	4. 课程领导	1. 是否构建起明确的学校课程体系 2. 校本课程开发是否积极主动 3. 课程开发是否获得积极的保障和支持	聘请专家判断,采用访谈方式进行
校长领导力	5. 教师发展领导	1. 制订明确的教师发展规划 2. 教师队伍呈现结构化发展 3. 每个教师都有明确的学科教学改革方向 4. 充分调动每个教师的专业发展兴趣	聘请专家判断,采用访谈、查阅材料等方式进行
课程与教学	1. 国家课程创造性实施	1. 国家课程是否开齐开足开好 2. 国家课程是否得到进一步的开发 3. 国家课程开发是否紧紧围绕立德树人根本任务的落实,是否深入"六个方面下功夫"的实施	1. 聘请专家认定 2. 重点考查是否围绕关键能力培养及综合素质评价进行课程开发
课程与教学	2. 校本课程开发	1. 校本课程体系是否相对丰富 2. 校本课程是否形成明确框架 3. 校本课程开发是否深入和形成特色 4. 校本课程是否主要围绕国家课程而开发	1. 聘请专家认定 2. 重点考查校本课程体系是否相对固定和形成框架以及落实国家课程的开发比例

续上表

一级指标	二级指标	主要观测点	备注
课程与教学	3. 学科教学改革	1. 围绕学科核心素养探索若干方向的教学改革模型 2. 形成若干引领性的教学方式 3. 综合性学习、项目式学习、研究性学习等有所探索，是否成为学校教学方式主流	1. 聘请专家认定 2. 重点考查学科课程是否围绕课程标准的若干模块进行相应的教学方式改革以及新的教学方式应用情况或传统授课方式占比情况
教师专业发展	1. 教师专业道德	1. 教师是否在尊重学生、关爱学生上形成专业道德 2. 日常生活和学习生活中是否恪守专业道德 3. 是否存在师德失范现象	1. 聘请专家认定，主要通过访谈方式进行 2. 教师专业道德有别于教师职业道德，重点关照教师在教学过程中是否尊重学生的个性发展、独立思考及创造精神，是否造成学生过重的学业负担或精神负担以及是否真正关心学生的精神成长
教师专业发展	2. 教师的学科教学	1. 教师教学是否激发学生学习兴趣 2. 学科教学是否促进学生的学业进步 3. 学科教学是否造成学生的精神负担 4. 学科教学是否采用新的教学方式，是否强化"机械刷题"现象	1. 聘请专家认定，采用学生访谈方式进行 2. 重点考查教师是否采用新的教学方式，或是否沿用传统教学方式强化学生机械记忆和刷题
教师专业发展	3. 做学生思想工作	1. 是否与学生保持必要的沟通 2. 是否在学生出现精神负担时给予及时的疏导 3. 是否与学生畅谈生涯规划与理想	聘请专家认定，采用学生访谈方式进行

续上表

一级指标	二级指标	主要观测点	备注
学生发展	德、智、体、美、劳	按国家义务教育质量监测结果分析，或构建区域性的学生综合素质发展评价体系	1. 关键能力的考查可以通过日常性考试进行 2. 可以专项加强对学生的理想信念确立、爱国主义情感厚植及道德修养的考查及学生奋斗精神的考查

表4 基础教育阶段学校办学绩效评估模型

核心指标	主要观测点	分值比（10分制）
校长领导力	1. 系统的学校发展规划 2. 改革项目化 3. 管理规范化	1
课程改革	1. 围绕立德树人，国家课程创造性实施形成框架 2. 校本课程开发主要围绕国家课程进行并形成框架 3. 学科教学围绕核心素养形成模块化教学改革方向 4. 研究性学习等新的学习方式得到采用，传统教学方式明显减少，"机械刷题"现象有所减缓	3
教师发展	1. 尊重学生、关心学生的专业道德形成 2. 形成自己的教学改革模型 3. 学生思想工作开展得较好	2
学生发展	1. 以关键能力培养为核心的学业水平提升 2. 综合素养得到提升	根据检测结果的区域排位均值，构建各学校分值系数

说明：1. 生源现状：根据区域整体学校生源情况建立均值，各学校分别获得标准值（范围：≤1或≥1）

2. 增值评价计分 = 生源值 * 学生发展值系数 + 课程改革分值 + 教师发展分值

完善多元评价机制。不同的评价指标和观测点，需要采用不同的评价方式及评价主体。从评价方式来看，除了可行的量化指标外，更多地要依赖于质性评价。比如，校长的领导力、课程开发质量、学科教学改革水平、学生发展水平多半需要进行质性评价。当然，教师发展和学生发展的评价更需要量化与质性评价的结合。比如，教师发展水平既需要根据荣誉、奖励数量进行评价，也需要根据实际教学水平、教学绩效和做学生思想工作等情况进行质性评价。同样，教师专业道德评价也需要量化与质性评价的结合。比如，与学生沟通次数可以成为一个重要的量化指标，而教师尊重学生情况则更多需要依靠质性评价。学生发展水平既有学业成绩、身体健康、艺术技能等方面的量化指标，也有综合素质、创新能力、实践能力及思想政治等方面的质性评价。其中，诸如奋斗精神的检测也需要量化和质性评价相结合。不管是量化评价还是质性评价，都可以采取诸如数据测量、理性判断、访谈、问卷调查以及观察等多种方法。为了提高评估效益，应当充分利用信息技术手段开展评估，一方面要建立信息电子档案，注重平时记录，为评估提供充分的数据；另一方面要实行线上与线下评价相结合，减轻被评估对象的负担。从评价主体来看，既需要学生和家长的参与，对课程和教师的满意度以及学业负担等情况进行评价，也需要教师同行的参与及专家的参与。构建多元主体评价机制是必要的，但更重要的是要建立同行专家的专业评价机制。无论是校长领导力评价还是课程与教学、教师发展、学生发展等领域的评价，都需要专家的细致和专业的判断。依托线上评估技术，可以扩大外地专家评委数量，提高评估质量。

四是完善绩效评估考核结果应用机制。绩效评估指标是学校办学的导向，但如果评估结果缺乏配套的应用机制，则只可能成为办学的一种参考。要从根本上纠正片面追求升学率倾向，建立素质教育导向的全面培养体系，落实立德树人根本任务，关键在于健全评估考核结果应用机制。其一是要建立绩效评估结果问责与整改机制，加大问责整改力度；其二是要建立绩效评估结果与表彰或试验项目相挂钩的机制，改变以考试分数作为表彰的唯一依据，重大试验项目优先落户绩效评估优秀的学校；其三是要建立绩效评估结果与校长职务晋升或调整的机制，真正以办学实效而不是学生分数作为评价校长的关键；其四是要建立绩效评估结果与教师评优评先、职称评聘相挂钩的机制，将教师评价结果作为职称评聘的重要指标。

当然，绩效评估考核结果应用机制仍然属于外部强制性制度变迁实施,还必须从根本上改革应试教育,特别是要推行开放性考试,减少以分数为结果标志的知识性考试,深化中考命题制度改革,或取消中考制度,以及构建"学业成绩+综合素质"相结合的高中招生录取制度,真正推进素质教育。同时,推进办学绩效评价改革如何获得家长或社会的认同也值得深入探索。家长对学校办学的评价存在现实的利益关切,关心学生的眼前成绩超过关心学生的长远发展,这种利益关切传导给学校的是升学压力,不利于学校改革办学评价和学生综合素质评价。

三、学生综合素质评价体系构建

学生综合素质评价体系构建,不仅是深化立德树人根本任务和促进德智体美劳全面发展的重要举措,而且也是改革应试教育的必要举措,但当前仍然存在一些难题。即在考试命题改革或教学方式改革未获得突破前,学生综合素质评价很难获得真正的突破,甚至可能增加学生的学业负担。因此,学生综合素质评价在当前的招生录取中不会占太大的比例,或者仅仅只是作为录取的参考依据。

学生综合素质评价有两种表现形式:一种是采用综合素养成长记录方式,通常是电子记录方式,这种记录方式相对真实、客观,可以借助大数据,为个体成长记录提供判断参考,也可以为招生录取提供直观依据。另一种是通过指标体系,采取问卷、调查、试卷测试及动手操作等方式,对学生综合素质成长进行监测,为学校办学或区域教育发展提供普遍性监测分析,以及为招生录取提供重要的依据,或者与学业成绩一并构成学生考试录取的重要内容。但问题是记录什么,或监测什么。

1. 综合素养记录

个体的综合素养成长是复杂的、多细节的、长期的过程,要记录的东西很多。显然,要记入个体综合素养成长档案的表现不可能是全景式的细节流,而只可能是采集具有标志性的成长事件,并且简便和具操作性,便于学生和教师上传。但有两个问题需要进一步探讨:一个是何为成长的标志性事件,二是如何记录或观测成长的标志性事件。成长的标志性事件,显然是指对个体成长具有重要影响或意义的事件。但关键在于以什么时间段进行计算,如果以整个少年期或青春期考查,则可能主要是突破性发展的若干事件,如深刻的精神转变或重要的获奖作品;如果以一个学期作为考查,则包括系列性的成长进步事件,如某些研究成果、获奖作品、创意创作等代表能力提升的事件。大体上说，个体成长事件包括思想或行动变化以及能力提升两大类型。一个人的思想成长，既体现为精神或灵魂上的感动或升华，也体现为实践行动上的变化，但两者都不很容易考查。行动变化是一个漫长的过程，体现为系列的行动细节改变，因此需要日常行为观察。而思想变化也是一个渐进的过程，但必定体现为重大事件及其重大感悟，因此可以通过感悟性作品进行观察。而能力的重大提升则相对容易考查，可以通过创作作品、研究成果、重大活动或获奖等重要标志进行观测（参见表5）。综合素养成长事件记录，虽然有相对明确的指标与观测点，但仍然需要师生的共同协作才能完成，特别是依赖于教师的公正精神与专业判断。同时，也必然要耗费教师大量的时间和精力。因此，除了适当增加教师编制或增加教师工作量经费补贴，还需要精简综合素养记录指标，构建起真正反映学生重要成长的核心指标体系及其核心观测点。

表5 学生综合素养成长记录体系

领域	主要内容	标志性事件记录
德	1. 坚定理想信念 2. 厚植爱国主义情感 3. 道德修养	1. 思想感悟性作品 2. 参加公益活动情况 3. 关心和帮助学生情况
智	1. 学业成绩 2. 探究性学习	1. 学业重大进步 2. 参加科技社团情况 3. 研究成果或发明专利情况 4. 重要获奖或作品发表 5. 重要场合的演讲
体	1. 身体健康 2. 掌握健康知识 3. 体育兴趣和特长	1.《国家学生体质健康标准》测试达标 2. 成功急救事件 3. 参加体育社团情况 4. 体育获奖
美	1. 音乐、美术欣赏 2. 音乐、美术创作	1. 创新创意作品 2. 参加艺术社团情况 3. 艺术表演或编排 4. 艺术获奖

续上表

领域	主要内容	标志性事件记录
劳	1. 热爱劳动 2. 积极参加劳动 3. 锤炼劳动精神	1. 参加公益性劳动情况 2. 探究性劳动成果或手工制作作品 3. 吃苦耐劳事件记录

2. 综合素养监测与评估

综合素养成长监测，是以他者的视角根据特定的评价指标对学生综合素养发展情况进行监测与评估，可以参照综合素养成长记录，但必须根据国家对综合素养的要求，另行制定特定的指标。

综合素养发展情况，通常按照思想品德、学业水平、身心健康、艺术素养、社会实践五大领域进行监测（参见表6）。其中，学业成绩的监测相对复杂：如果考试命题，包括日常考试命题没有得到根本性改革，则很难真正监测到学生关键能力的发展情况。因此，应当根据需要制定学业素养评估工具。身心健康、艺术素养和社会实践相对容易监测，可以构建比较明确的监测指标体系，而思想品德表现的监测则相对难以操作，需要进一步深化学生思想政治状况的评价。特别是在学生坚定理想信念、厚植爱国主义情怀及品德修养等方面，如何构建便于监测和操作的核心指标体系，值得思考并创新思路。比如，可以奋斗精神作为坚定理想信念评价的重要指标，以关心国家大事、关心社会生活作为爱国主义情感培育的重要指标，以日常行为规范和礼仪遵守作为品德修养评价的重要指标范畴。此外，还需要根据核心指标内涵建立主要的观测点，并采取多样化的考查方式。比如，采取考试、动手操作、问卷调查、日常行为观察、作品或研究成果呈现、重大活动记录以及获奖证书记录等多种方法进行监测。

表6 学生综合素养成长评估与监测体系

一级指标	二级指标	指标内涵	主要观测点
思想品德	思想素质	坚定理想信念，增强"四个自信"，积极践行社会主义核心价值观，立志听党话、跟党走，厚植爱国主义情感	1. 思想感悟性作品考查 2. 关心社会生活考查 3. 日常活动或劳动中的奋斗精神考查
	品德发展	诚信，友善，尊重他人，责任担当，遵纪守规范	1. 问卷考查 2. 日常生活考查 3. 学生交往生活考查
	公民责任	热爱公益，爱护环境，遵守公共秩序，遵守网络道德和安全规定	1. 日常行为考查 2. 参加公益活动情况考查
学业水平	学业成绩	能够完成各门课程的学业要求，学业有进步，独立思考、逻辑推理、信息加工、语言表达和文字写作等关键能力达到要求	1. 日常考试 2. 专项学业测试考查
	学习能力	善于运用综合性知识分析问题，善于运用知识解决实际问题	1. 参加研究性学习考查 2. 研究成果考查 3. 科技发明或获奖情况考查
	学习素养	善于规划学习，形成良好的学习习惯，掌握科学的学习方法	日常学习行为考查
身心健康	体质状况	积极参加体育锻炼，体质健康	1. 按《国家学生体质健康标准》开展测试 2. 身体医学检查
	健康生活	生活有规律，按时作息，生活自理，掌握基本健康知识、安全知识及必要的自救与互救技能	1. 基本知识测试 2. 急救行为记录或演练考查 3. 家庭生活调查
	心理健康	形成正确的自我认知，具备良好的人际交往能力，心理健康，具备抗挫折、抗压力的心理素质	1. 日常交往行为考查 2. 谈话式考查 3. 心理素质测试

续上表

一级指标	二级指标	指标内涵	主要观测点
艺术素养	艺术体验	掌握1-2门音乐、美术基本技能，具备基本的艺术欣赏能力，获得艺术情感体验，能用艺术表达个人情感	1. 艺术技能性考查 2. 艺术鉴赏测试
艺术素养	艺术创作	具备必要的艺术编排能力、基本的艺术表演能力，具备主题创作能力	1. 艺术编创作品 2. 艺术表演活动 3. 作词作曲作品，美术创意设计作品
艺术素养	艺术特长	对艺术有兴趣，具备一定的艺术特长，积极参与校内外艺术活动	1. 艺术特长等级证书 2. 艺术特长表演获奖 3. 参加艺术社团情况
社会实践	社会体验	积极参加各种参观考察、调研活动，积极参与社会生活	1. 考察调研报告 2. 公益或其他社会生活组织活动描述
社会实践	劳动实践	热爱劳动，积极参与各类劳动，具备一定的劳动技能，养成吃苦耐劳品质	1. 经常性劳动记录 2. 劳动技能证书 3. 劳动作品 4. 劳动操作测试
社会实践	创新能力	积极参与学校科普教育或科技创新活动，热爱探究，独立思考，掌握一定的探究方法，具备创新创意设计能力，应用综合性知识解决实践问题	1. 积极参加电脑制作、机器人、编程等各类科技社团情况 2. "三模"、小发明等各种科技比赛获奖情况 3. 小制作作品或发明专利 4. 科技探究研究论文或报告

从评价指标体系构建到工具开发，学生综合素质评价并非是个技术难题，需要考虑的是评价结果的应用问题。第一个问题是，学生综合素质评价结果是仅仅作为中高考录取的依据还是纳入中高考成绩。如果其仅仅作为招生录取的依据，那么，这个录取依据的判断标准又是什么？这里面涉

及几种可能的情况，即在考试成绩相同的情况下，优先录取综合素质表现水平高的；或在考试成绩达到一定标准的情况下，优先录取综合素质表现卓越或非常突出的学生；或综合素质表现被认为存在重大问题，不再以考试成绩作为录取标准。第二个问题是，学生综合素质评价结果纳入中高考成绩，与学业考试分数一并作为录取的标准。这里面也涉及两种情况，即综合素质评价结果与学业考试成绩各占一定比例，共同构成录取的标准；或综合素质评价结果以等级形式呈现，招考学校设定学生综合素质表现需要达到的等级，在此基础上以学业考试成绩作为录取标准。

综合素质评价结果究竟如何应用或与学业考试成绩采取何种组合，取决于我们对综合素质评价的认识高度或重视程度：如果日常教育过分重视学业考试，忽视综合素质培养，或综合素质培养存在比较严重的问题，那么把综合素质评价结果纳入中高考成绩，作为一种全面发展培养的平衡机制就是值得考虑的。当然，综合素质评价结果纳入中高考录取标准，尤其在所占比例较大的情况下，综合素质评价必然成为高利害相关事项，对学生综合素质培养也可能构成伤害，赋予其过多的功利性，甚至会加重学生的学习负担或加剧考试招生的不公平现象。反之，综合素质培养在日常教育中得到足够的重视，综合素质评价结果作为中高考录取的重要依据，而不是唯分数录取，应当是一种比较理想的状况。西方国家的大学招生也是如此，能够综合考虑学生综合素质表现和学业水平考试成绩，这样做的好处是可以照顾到两种情况：一种是可以把学业表现达到既定标准但综合素质表现卓越的学生录入进来，以充分尊重人的个性化成长培养或特殊品质的培养，抑或足够重视特殊天赋的进一步培养；另一种是防止学生只重视学业表现而忽视综合素质提升的情况出现，从考试招生制度上突出人的全面发展。当然，学生综合素质评价结果在中考和高考的录取应用上还应当有所区别，至少高中录取应当更加重视学生综合素质评价结果的应用。

学生综合素质评价结果应用机制，反过来会影响到学生综合素质评价指标体系构建及评价方式方法的采用。如果仅作为招生录取的重要依据，学生综合素质表现就适合采用记录方法，并且是以核心的或关键性的指标表现作为呈现内容；如果与学业考试成绩一并作为招生录取的标准，学生综合素质表现就需要以等级形式或量化的关键性指标予以呈现，并结合专家的判断给予相应的分值。因此，学生综合素质评价体系建设需要对评价指标、评价方式与评价结果应用进行统筹考虑。但无论如何，对学生综合素质表现进行监测是必要的，至少可以对学生综合素质培养情况有一个整体的科学的判断,并为学校改进教育教学方式、优化学生综合素质培养提供必要的参考依据。当前既要加强学生综合素质表现监测工具的科学性建设,也需要加强对监测结果的数据分析,探索构建综合素质表现与关联因素的模型,真正提高监测数据分析水平。

第十章　未来教育的想象逻辑

未来学校和未来教育受到越来越多的关注，确实，信息技术的高速发展及想象的未来发展对社会及其教育必将带来诸多可能的塑造，也对未来教育构成了严峻的挑战。我们一定没有忘记海德格尔、阿伦特、雅斯贝尔斯等人对技术的担忧及其现代性反思。但更多的是，我们对技术的发展充满自信和乐观，并越来越主动地探索着社会和教育对技术的迎合与应用。显然，人工智能等新技术在交通、医疗、金融等领域确实获得了广泛的应用，而在教育领域的应用却还存在很多模糊的地方。但无论如何，技术确实改变了社会，这是我们在讨论未来教育时必须要考虑的。进一步说，讨论未来教育，既要考虑到社会形态或生活形态对教育的根本性塑造，其中尤其要考虑到信息技术对社会或生活形态的可能改变，以及由此产生的社会变革对教育必然产生的重要影响；也要考虑信息技术本身对教育可能的直接塑造，包括资源的信息技术共享、对人才培养提出的要求以及对学习空间、学习方式的重新塑造等。

我们现在对未来教育的想象性构建，一方面是基于现有信息技术发展对教育的影响和塑造，另一方面是基于对信息技术发展合乎逻辑的想象对教育产生的可能影响。如此，我们一方面确实需要充分利用现有信息技术发展成果构建新的教育形态，另一方面也需要着眼未来信息技术发展探索可能的教育教学形态。从这个意义上说，未来教育包括两种意义上的"未来"，一个是等待我们利用现有信息技术塑造新的教育形态，一个是基于技术发展的未来想象探索其对教育教学形态的可能塑造。

一、社会形态与生活形态对教育未来的塑造

社会形态是塑造教育的根本性力量。无论是柏拉图、卢梭、杜威还是马克思，关于何为好的生活和教育的探索，都是在社会模式的设计中讨论的。哲人王教育、爱弥尔教育、现代公民教育以及人的全面发展的教育都是在政治社会中探索自由教育的可能。对于他们来说，好的社会模式都需要在政治与哲学的冲突中予以讨论。政治是决定人的自由可能的根本性问

题。社会形态而不是技术才是关切人类价值的基础性问题。从现实来看，社会形态的差异决定着教育形态的差异，不同的社会有不同的教育。中西方政治体制的差异，决定了教育根本属性的差异。

中国特色社会主义进入新时代，但我国仍处于并将长期处于社会主义初级阶段，这是我们的基本国情。未来教育或许因为新技术而获得形态的变革，但人的培养和教育发展仍然需要立足于基本国情。中国特色社会主义的根本逻辑在于坚持中国共产党的领导、坚持社会主义核心价值观，建立以人民为中心的社会主义制度。这个特性决定了我国教育的社会主义本质特征，即教育要坚持社会主义办学方向和办学道路，紧紧把握"培养什么人、如何培养人、为谁培养人"这个根本问题。坚持党对教育的全面领导，培养德智体美劳全面发展的社会主义建设者和接班人，办公平而有质量的教育以及办人民满意的教育，都是中国特色社会主义的必然要求。其中，培养学生的理想信念、爱国主义情感和道德情操，以及加强学生综合素质培养，特别是加强创新人才培养，对教育教学模式的塑造尤为显著和重要。

新时代中国特色社会主义赋予教育新的内涵，一方面要求加强政治教育，另一方面要求加强创新教育。技术的未来发展越来越要求教育的创新，但不会改变未来教育的政治特性。不管未来技术发展如何塑造社会以及对教育构成何种影响，政治社会都必须强化这两个教育，或者应当有助于更好地推进这两个教育。或者说，技术的发展对教育形态的塑造，都应当有助于我们推进教育教学改革，推进创新教育，有助于我们更好地做好思想政治教育和人文教育，培养时代新人，进而实现人类的美好生活。

当然，技术的未来发展也必定会改变人类社会生活方式。正如现代技术对现代性的塑造一样，未来技术也必然构成对现代性的新的塑造。技术在近代的显著进步，推动现代社会的形成。或许，技术经过改变生产关系，推动了社会形态的变革，并且对现代性有着直接的塑造。海德格尔所揭示的，人类借助数学和计算把世界变成图像，人上升为主体，这个现代性问题仍然存在。海德格尔认为，"现代的基本进程乃是对作为图像的世界的征服过程"[①]。不少思想家对技术的异化深表担忧。马尔库塞悲观地认为，技术的解放力量结果成为了解放的桎梏，哈贝马斯对此表示怀

---

① [德]马丁·海德格尔.世界图像的时代[C].孙周兴：海德格尔选集.上海三联书店 1996：904.

疑。确实，有理由相信，技术的发展，特别是互联网、物联网、人工智能等新技术对生活形态、人的全面自由发展以及价值观念都有着深刻的塑造。人工智能等技术对人类生活方式、社会关系、所有制等都将构成重要的变革因素，可能越来越加剧现代性。

其一，人工智能等技术促进人类在技术性意义上的解放，为人类的自由发展提供物质基础。智能技术在解放生产力的同时，从某种意义上说也必定促进人的全面发展和解放。① 未来人工智能全面超越人类智能不是没有可能，尽管可能对人类构成某种威胁，但也为人的全面发展了提供可能。② 比如物联网的物理空间传感器获得的大数据信息经过互联网的传输和人工智能的分析，可以提供精细化的个性服务。其二，智能技术发展加速促进人类社会的大众化、平等化和民主化。有人认为，技术的发展实现社会产品面向全社会免费或低收费开放，进而使社会获得共享性、广泛的参与性和平等性。③ 同时，互联网等技术为人类的普遍交往和参与社会事务提供更多的可能。可以相信，借助新技术，现代社会将会变得越来越大众化、平等化和民主化。的确，人工智能等技术的未来发展，显然将极大地解放和发展生产力，加剧社会的大众化，但大众化的结果所形成的社会结构有可能是一个两层级的陀螺型大众社会，而不是现在所谓的橄榄型社会结构。智能技术发展或许促进人的全面发展和解放，但也越来越促进社会的大众化、平庸化，尼采预言的未来社会的"末人"不是没有出现的可能；马尔库塞的担忧也不是没有道理，技术究竟成为人的发展的解放还是桎梏恐怕还不能如哈贝马斯那样自信。其三，智能技术发展对价值带来挑战。除了引发政治与经济变化对传统社会政治秩序甚至道德伦理规范提出的挑战外，人工智能与人之间的关系变化也成为新的问题。④ 物联网等可能重塑未来人类文化价值与道德观念，出现文化融合中的价值淡化，甚至消解与重塑人类伦理道德以及重构人类社会结构与行为方式。⑤ 人类不断地被技术化，卢梭意义上的人的自然性遭到削弱，人道主义意义上的生活意义和价值必然成为基本的、更为深刻的追求。当然，也可能如阿伦特

---

① 高奇琦. 智能革命与国家治理现代化初探 [J]. 中国社会科学：2020（7）.
② 刘方喜. 人工智能奇点与人类未来 [N]. 中国社会科学报，2020-4-3.
③ 赵奇. 高新科技与未来社会 [N]. 学习时报，2015-9-24.
④ 林德山. 热话题与冷思考：关于人工智能与未来社会的对话 [J]. 当代世界与社会主义，2019（6）.
⑤ 许和隆，张宇. 物联网与人类社会的未来变革 [J]. 学海，2013（6）.

所揭示的，技术不断重构人的生存条件，人在与技术的互动中重构了自身。社会越发展，越是迫切和显著地提出人类社会面临的终极性问题，即人类生存的意义以及美好生活如何可能的问题。西方现代性的价值虚无主义问题仍然存在。

从这个趋势来看，未来社会必然要求提供更加大众的、平等的以及个性化的教育；智能技术发展推动构建的新的生活形态，充分解放生产力进而促进人的全面发展，或许可以实现教育的理想，即教育成为人本身的目的或生活方式而不是其他。为此，这样的教育理想也必然要求教师更好地实施人性化教育，更加关注人的精神和生命意义的教育，更加关注人的成长的教育。但是，如果智能技术进一步加剧社会的大众化和平庸化，并没有专向人的解放反而成为桎梏，教育也必定以大众化和平庸化为特征。尽管智能技术对人的创新素养及其培养提出了新要求，但还是难以改变教育的这一根本特性。当然，如果智能技术不仅在物质意义上促进人的解放，而且在精神意义上促进人的解放，那么，教育就可能实现自己的理想。可以相信，智能技术的发展必定对人的存在带来新的塑造，这种塑造既可能是积极的也可能是消极的。所谓积极的塑造，意味着技术带来生产力解放的同时也解放了人类自身；所谓消极的塑造，意味着技术异化了人类自身，人在技术中失去了自我。当然，人在技术塑造中也可能重新塑造人自身。无论如何，不同的生活塑造必然带给教育不同的影响。因此，技术对教育的关键性影响与塑造，恐怕首先来自于其对生活形态的改变和塑造，并由此奠定教育的基本特性，而不是来自于技术本身对教育形态的某些直接影响。

当然，我们还是可以相信，如果人工智能等新技术仍然只是作为人的工具性存在，就难以改变人类的根本性生存境遇，即政治性存在境遇。智能技术的未来发展对生活形态构成重要的塑造，但是否优化了人的生存命运，在政治框架内实现人的更好的生活，仍然取决于社会的政治正确性和价值观体系。人是否在技术塑造中被异化，以及人自身在技术塑造中是否重新塑造了自我，仍然取决于人类自身而不是技术，关键取决于人类自身的政治理想与政治制度的设计。因此，对我们而言，教育更需要立足于中国特色社会主义建设，培养德智体美劳全面发展的社会主义建设者和接班人，以社会主义核心价值观和中国特色社会主义理想信念引领人的全面发展。

二、技术的发展趋势及其想象的未来：如何改变和塑造我们的教育

当然，技术本身对教育教学也会构成某些直接的塑造。从现有技术来看，互联网、5G 技术、大数据、区块链、脑科学或认知科学、人工智能等对正在重塑教育教学形态。

其一，利用信息技术实现优质资源的共享问题。信息技术的发展为优质资源的共享提供了可能，实践中已经有不少的探索，包括数字教材、电子包等资源的共享，甚至包括优质教学课例的共享，但问题在于人们对优质教学资源并没有取得共识，或者说，优质教学资源如何提炼和开发并真正具有典型性还值得探索。以"名师优课"为例，一个名师的一堂优质课例是否能获得广泛的认同并具有引领性，或者说具有典型性，确实是存在差异的或者说具其有不确定性的。如果名师的课例不能为广大教师主动地采用，则所谓优质资源的信息化共享就可能成为费力不讨好的工程。应该说，"名师优课"资源并不少，甚至很多，但并没有得到很好的应用，主要问题还是在于所谓的"名师优课"有点泛滥，不具有代表性，难为大家所广泛认同。因此，"名师优课"资源的开发不应简单定位为各个名师的优质课的汇聚，而是要注重优质课的结构性开发，即一定教学内容的一堂课由若干名师的不同视野或方式的优质教学案例组成。其二，利用信息技术构建虚实融合的校园形态。5G 技术因信息传输速率的提高，可以构建无处不在的学习空间和虚拟的交互式学习环境，进而提高学习者在线学习的交互性和沉浸感，为构建具身化的学习场域提供支撑，[①] 同时也提供泛在式学习模式。随着未来信息传输速率的进一步提升，甚至是极大地提升，学习空间和学习环境的构建将会越来越优越。其三，基于大数据借助学习分析技术创建灵活的、个性化的学习形态。学习分析技术通过动态跟踪学习者的学习过程和表现，对相关的学习数据进行建模和分析，进而预测学习者的学习表现，[②] 提供及时有效的学习支持服务。同时，人工智

[①] 卢文辉. AI+5G 视域下智适应学习平台的内涵、功能与实现路径：基于智能化无缝式学习环境理念的构建 [J]. 远程教育杂志, 2019 (3).

[②] 胡水星. 大数据及其关键技术的教育应用实证分析 [J]. 远程教育杂志, 2015 (5).

能技术为学习者搭建人工智能助手，有效实现学习者个性化学习。[①] 其四，利用信息技术构建良好的教育记录和评价系统。区块链通过分布式数据记录，形成学生教育记录和学分认证系统，并构建伴随式、诊断式评价体系。[②] 通过学习信息的评价性反馈，使学习者获得更好的学习改进。其五，利用信息技术构建教育信息化治理体系。云计算、大数据、区块链等信息技术通过构建统一的教育政务云平台、教师管理云平台以及学生管理云平台等，实现网上申报和审批，实现对教师专业成长和学生发展的个性化、精准化管理。同时，区块链技术可以实现数据在不同地区、不同部门之间的共建共享，实现扁平化治理，更好地服务于教育决策。

显然，现有技术对学校形态的变革已经提供了重要的支撑，正有待我们把其变成现实。未来教育或未来学校的第一种意义上的"未来"，就是利用现有技术构建新的学校形态。但是，现有技术发展仍然不充分，对学校形态的新塑造或理想的预期还有或多或少的差距或不足，哪些可以构成成熟的形态，哪些尚只能是构成粗糙或初步的形态，需要探讨并做出明确区分。

从 5G 技术来看，仍有一些诸如超密集异构网络、内容分发网络等关键技术有待突破，有待更好地实现其高数据速率、延迟减少、系统容量提高以及大规模设备连接的性能目标。当前尤其要加强 5G 技术下的学习空间和学习环境建设的研究，加强高新技术体验中心、创新实验室及数字化学科教室建设。大数据在教育教学中也获得了快速的发展，但受限于脑科学或学习科学的成熟发展，大数据的采集也因此表现出明显的缺陷，即难以对学习者的学习过程和表现做出精准的信息采集以及相应的预测和评估，也因此在提供个性化的学习服务上存在一定的困难。也就是说，大数据对学习者的学习信息进行的采集，尽管可以利用多模态数据处理技术对学生的学习水平状态、环境图像或语音以及生物模态信息等进行采集，但其必定是按照人类设定的学习评价模型所给予的参数，进行程序化采集和计算，进而得出相应的判断并提供相关的建议。有人认为，通过脑电波监测、皮肤传导、表情识别等方法获得的学生学习状态，可以作为未来教学

[①] 贾积有. 人工智能赋能教育与学习［J］. 远程教育杂志，2018（1）.
[②] 曲一帆，等. 区块链技术对教育变革探究［J］. 中国电化教育，2020（7）.

系统对学习者学习障碍或困惑判断的重要依据,① 但其仍然无法精准地判定学习者的根本性学习或认知障碍。因此,其优势在于对复杂的海量数据的有效处理,但并没有改变学习评价模型或构建新的学习评价模型。区块链技术可以全时空场域无损采集可靠性数据,可以将实时性强、真实度高、颗粒度细的海量教育评价数据全面汇集,② 但仍然依赖于人的信息数据的参数设计。尽管在参数设计上可以基于小粒度开发更多的认知工具,但仍然很难做到全方位信息的精准捕捉。正因为如此,智能化辅助学习技术可能在某种程度上会过度强化初始的、不成熟的、未定型的个体偏好,终身电子学习档案和数字画像多数时候仍然是粗线条、显性化、线性化的。③ 实际上,学习信息或数据的采集是否有效和科学,取决于学习科学的进步。区块链技术同样存在缺陷,需要解决现有数据库与区块链兼容的冲突、分布式存储与数据扩展的冲突等。④ 人工智能发展很快,但目前以大数据为基础的仍然属于弱人工智能。强人工智能是未来智能技术的发展方向,脑科学、神经科学及基因技术的发展有助于推动强人工智能的发展。目前来看,人工智能在教育教学中的应用还很有限。

从现有信息技术发展来看,不难想象,在即将到来的一个时期内,未来学校的形态主要是学习者通过随时随地的互联互通,实现泛在式终身学习、个性化学习。互联网、5G、人工智能等信息技术甚至可以通过大数据实现知识的系统化学习或跨学科学习,但对学习方式的品质性内涵或学习的思维方式并没有产生根本性的塑造。也就是说,知识信息的输入方式在信息技术的支持下发生了新变化,或者说知识获取的方式发生了重大变化,但信息技术并未对人类自身的知识信息处理方式和意义生成方式产生新的塑造。虽然人类借助于计算机,特别是大数据处理技术,延伸了人类智能,学会了更有效的信息处理技术和方式,但信息技术并没有从根本上改变人类的逻辑思维本质。同时,信息技术不过是采用了复杂信息的处理技术,仍然是按程序进行计算,智能神经元、神经中枢等计算机神经网络或多或少通过对人脑神经网络的模仿,未来或许可以实现用人工智能生产智能,但目前看,人工智能并没有实现知识的创新。进一步说,接受式的

---

① 蒋鑫,等. 美国"教育中的人工智能"研究:回溯与评析 [J]. 中国远程教育,2020 (2).
② 曲一帆,等. 区块链技术对教育变革探究 [J]. 中国电化教育,2020 (7).
③ 王晓宁. 人工智能+教育在中国:现状、问题与未来 [N]. 光明日报,2020-7-28.
④ 曲一帆,等. 区块链技术对教育变革探究 [J]. 中国电化教育,2020 (7).

知识学习仍然可能占主导，深度学习、跨学科探究性学习或创新创意学习仍然有赖于学习思维的转变。现有的信息技术在推进个体的深度学习或探究性学习主要依赖于学习路网的优化，应该说，学习系统的推荐引擎设计对未来学习效率的提高有重要作用，① 但学习路网仍然只是程序化的学习辅助技术，在学习过程中的知识生成、随机性问题提出等教学技术上仍然缺乏变通性，难以达到教师的教学水平。或许未来人工智能的发展可以较好地接近或模仿教师探究式教学的技术。因此可以说，泛在式学习、个性化学习依赖于信息技术可以实现，但深度学习，特别是创新创意学习则并非主要依赖于信息技术的发展，而是依赖于教师的教学实施。从这个意义上说，未来教育在当前的建设重点应当着眼于加强智能化基础设施建设，加强智能化教育治理体系建设以及学生综合素养智能化记录和评价体系建设。

未来教育的第二种意义上的"未来"，就是基于对人工智能等技术的发展展开合乎逻辑的想象，然而对其导致的可能的教育实施构造。要理解人工智能的未来发展，一是要加强对人的思维本身特质的理解，二是要加强对人工智能技术及其发展潜力的理解。②

人的思维具有反思性、创造性以及不说或不思的能力。人工智能的理性思维能力超过人类，从逻辑上看是可以想象的，但迄今为止的人工智能并未摆脱其工具性，其所体现出来的强大的算法能力并不等同于人的思维。③ 人工智能能否处理无限性、整体性、不确定性或悖论性的问题，确实很难让人想象，因为有关这些问题的思维无法还原为程序化的思维，或者把创造性和变通性还原为逻辑运算。④ 同时，也很难想象人工智能如人类一样具有不思或问题悬置的能力，具有情感或人性的东西。假定未来人工智能具有反思、变通能力，并具有人类的价值编程（尽管这很难），那么，人工智能必定具有自己的根本利益和价值追求，而不会模仿人类价值，因为人类价值本身就存在相互冲突，而人工智能的价值追求和根本利

---

① 蒋鑫等. 美国"教育中的人工智能"研究：回溯与评析［J］. 中国远程教育，2020（2）.
② 林德山. 热话题与冷思考：关于人工智能与未来社会的对话［J］. 当代世界与社会主义，2019（6）.
③ 林德山. 热话题与冷思考：关于人工智能与未来社会的对话［J］. 当代世界与社会主义，2019（6）.
④ 赵汀阳. 四种分叉［M］. 上海：华东师范大学出版社，2017：104.

益，也必然与人类价值和利益相冲突，① 正如不少思想家所预测的，对于人类可能构成颠覆性的危险。另有一种关于人工智能芯片置于人体改变生命形态的探索和想象。这两种情况都可能构成人类社会的崩坍。假定未来机器人基本可以代替教师的教学，实现人的或者完全的自我学习，或者机器人教授人类知识。那么，现在意义上的教育可能不会出现。

所以，根据合乎逻辑的想象，未来人工智能技术还难以具有与人类同样的思维和人性的东西，但可能更加接近人类思维，甚至接近人类情感。因此，人机协同教学完全可能成为未来的教学方向。有人认为，未来教育将是教师与人工智能教师协同共存的时代。② 随着学习科学或认知科学的进步，人工智能教授人类学习，或运用大数据和区块链技术促使人类更科学的学习，都是教育教学值得期待的新形态。未来教师面临的第一个挑战可能是人机如何协同教学的问题，即哪些教学内容由计算机教授，哪些教学内容由教师教授。人机协同教学假定存在的话，必然存在一个前提性条件：即教学内容存在程序化的知识，并且程序化的知识教授依然是教学中的重要方法。如果这个条件不存在，则人机协同教学的问题也就不存在，只能是某种不合实际的想象。

这个前提确实值得反思。以现有的想象逻辑看，人工智能技术至少在现在并没有改变学习思维的本质，其也难以推测未来的发展可以改变人类的学习思维，学生的探究性学习和创新学习仍然需要师生的共同探索。从课程改革倡导的未来方向来看，综合性学习、探究性学习是主流的学习方向，并在很大程度上代替知识的程序化学习。如果程序化的知识学习方式基本消失，那么人机协同教学的空间就非常有限。从这个意义上说，未来教育虽然可能注入很多的智能元素，也可能会改变教育教学的某些形态，但更主要的应当是推动教师学会实施以探究性学习和创新创意学习为主的教学，以及学会更具人性化的教育和更充分的人文精神教育、生命教育或价值教育。为此，智能时代的未来教育可能在综合性知识学习上或少量的知识程序化学习上存在人机协同教学的可能，甚至还不能说成是人机协同教学，可能主要是学生利用人工智能实现自主学习，教师的角色演变为师生共同讨论或研究某些问题；未来技术对教育的更重要的塑造应当是逼迫教师的教学改革，推动教师主动地实施教学改革，更快地走向探究性教

---

① 赵汀阳. 四种分叉 [M]. 上海：华东师范大学出版社，2017：112-115.
② 余胜泉. 人工智能教师的未来角色 [J]. 开放教育研究，2018 (1).

学,更多地实施人文教育。甚至,未来人工智能也可能模拟教师的某些角色,代替教师实施与学生的共同研讨,以及实施一定意义上的探究性学习,但师生之间的实践交往、情感交流以及人文教育很难为人工智能所真正取代。

如果未来人工智能确实代替了部分的程序化教学工作,这对未来教师而言既是一种挑战,也是一种机遇,因为教师在程序化教学中解脱出来,完全可以有更多的时间探讨教学的设计与从事更多的人文教育。这未必是一件悲观的事情。当然,对教师而言必须进行自我革命,要害在于教师是主动还是被动地迎接挑战,实现自我的转型。

三、当下的智能技术与学科教学的融合创新

根据以上对未来教育的想象逻辑的讨论,就智能教育而言,当前应当更加关注第一种意义上的未来教育或未来学校建设。除了加强基础设施设备的信息化建设,包括学习环境和学习空间的重构外,还应当特别关注学科教育教学与信息技术的融合创新,包括以信息技术支撑新的学习方式、新的教学模式以及教学评价改革等。但既然信息技术发展尚未足以颠覆现有的教学模式,或者说信息技术未来仍然主要作为教学的工具性存在,那么,我们必须立足于学科教学特性和人才培养新要求以整合信息技术,实现教育教学改革的目标,而不是简单地根据信息技术发展来加强教育教学的融合应用。

当然,信息技术可以改变学习的方式,比如线上教学或网络学习就是一种新的方式,但教学或学习的本质并没有改变。新冠肺炎疫情期间,在线教学获得大范围应用,但并没有实践证据表明在线教学相比线下教学具有完全的优越性以及进而替代线下教学。不少人判断,"后疫情时代"将进入线上与线下混合式学习模式。这个判断不能完全说是错误,但肯定还有很多问题需要澄清,或者说对混合式学习模式的内涵和范围还需要做精准地分析。如果从优质教育资源共享的视角看,线上与线下混合式学习完全有必要。或许,作为线下教学的补充或个性化学习服务的提供,在线教学也会有不少的空间。但就单个班级的教学而言,线上教学与线下教学究竟如何融合,还有很多问题值得实践探索。其中最关键的问题在于,什么样的教学内容及其何种教学方式比较适合于在线教学,或比较适合于线下教学;或者,特定的教学内容,哪些环节比较适合于在线教学,或比较适

合于线下教学。每个学科教学都面临这个问题。从疫情期间的在线教学实践看，在线教学在一定程度上是对线下教学的复制，并没有规避自身教学的劣势，或者说并没有采用适合自身优势的教学方式。在线教学如果不能改进自身的教学方式，或者克服线下教学的劣势，它就很容易被线下教学所取代。哪些教学内容采取何种方式比较适合于在线教学，仍然值得探索。从现在看，在线教学主要表现为一种技术模式，并未对教学模式产生本质性的改变。在线教学的判断标准，仍然还是要根据学科教学特点等相关依据选择合适的线上教学模式，而不是运用技术对线下教学进行简单的复制。

这就是前面已有所论述的关于技术与学科教学的关系问题。学科教学方式需要遵循科学，需要根据学科特点、学科核心素养要求以及不同内容模块的特点进行相应的变革。信息技术辅助学科教学并非是为了显现信息技术的特点，而应当是促进学科教学更好地切合自身的学科特点。信息技术的采用及其呈现方式必须有利于适应学科教学方式变革的需要。

因此，学科教学与信息技术的融合创新，是个非常复杂的问题，需要根据具体教学方式探索两者融合的典型案例，才能逐步呈现两者融合的类型或某种模式。从这个意义上说，学科教学与信息技术的融合创新至少要回答如下两个问题，一是学科教学方式变革的科学性或主要的依据何在，也就是说，要首先确定学科教学方式的问题；二是信息技术及其呈现方式对学科教学方式变革的支撑作用，即是否有利于促进新的学科教学方式的实施，或有利于促进学科教学方式的实现效果。为什么要采用信息技术以及信息技术以何种方式表现，这是信息技术与学科教学融合创新需要回答的根本性问题。

当前的信息技术与学科教学融合创新的问题就在于过于抽象化，既缺乏大的分类考察，更缺乏对具体情境的考察。从学科知识体系的大类划分来看，中小学学科主要划分为两类，即关乎人文的意义和价值的人文社会科学以及关乎自然世界客观认知的自然学科。比如语文、历史等人文学科，显然是关于文化的和精神意义的领会与思考，其学科知识的叙述方式具有主观的解释性；而数学、物理、化学、生物等学科，则是对世界的另一种认知方式，具有客观的科学认知性。学科特点差异决定了其教学方式的不同，比如人文学科教学倾向于时空情境的再现，促进个体的想象而获得可能的意义生成或解释；而自然学科教学则侧重于逻辑认知、科学推理以及科学探究，更强调知识的系统性教学、科学思维的培养以及科学探究教学。这两大类学科及其教学方式的差异决定了信息技术的应用及其呈现方式的差异。

分别来说，语文、历史等人文学科教学要从语言符号走向意义本身，就可以借助 VR/AR/MR 等视听技术，实现文本世界的时空情境再现或场景创设，形成身临其境的在场性体验环境，促进人的情与意的激发、想象、共通及意义的对话。当然，不同模块的课程内容在信息技术采用及呈现方式上都存在差异，比如语文学科的"实用类""文学类""论述类"等不同语篇类型的信息技术应用就必然存在差异，"文学阅读与表达"与"思辨性阅读与表达"模块在信息技术应用上也必然不同。每一种情境的信息技术应用都具有自身应用的理由或优势，当然也可能存在相应的欠缺。场景或情境的语言建构与图像化建构，在促进人的想象的建构上具有各自的优势或欠缺：语言建构对意义的生成更具直接性，在想象上更具创新性；而图像化建构对促进情感的激发更具直接性，在想象上更具丰富性，因此两者都应当适当运用。文字与图像都是人类的认知方式，教学中如何运用，仍然取决于教师的教学设计。从这个意义上说，信息技术的教学应用具有不确定性。或许唯一可以确定的是，信息技术的应用应当有助于人文学科教学特性的更好实现。信息技术在人文学科中的应用相对复杂，当前需要根据不同学科的不同内容模块及其相应的教学方式，构建信息技术辅助学科教学的分类应用模型，包括情景或场景模拟的典型案例、戏剧影视应用等，使文本或历史鲜活起来。

从自然科学研究来看，其信息的数字化特征显然高于人文学科研究，但数理化等学科教学是否必然需要应用信息技术呢？这仍然取决于数理化学科教学特性。从这些学科教学对系统知识的学习、逻辑训练以及研究性学习或实践问题的解决的强调来看，信息技术的应用并没有获得必然性的联系，或者说信息技术并不足以支撑这些学科特性的教学实现。知识的系统掌握以及利用科学方法解决技术问题，主要是个思维问题。人工智能等技术可以延伸人类思维，学习路网也可以推进人的深度学习，但从教学上看，信息技术并没有从根本上改变人类思维本质。信息技术对于推动数理学科的教学变革，对推动知识的传授式学习走向以问题为中心的研究性学习，并未起到根本性支撑作用。当然，数理化等学科教学借助信息技术可以通过展示模型的模拟演变过程，增强教学的直观性；还可以通过建设数字化实验室、虚拟仿真实验室等，探索开展实验教学。比如通过模拟实验，调整实验参数，探究不同参数状态下的物体或化学物质的运动状态、轨迹或性质变化。同时，虚拟实验环境可以提供一些学生因缺少实验工具而无法体验到的实验情景。实际上，运用信息技术处理实验数据，可以提高数据处理效率，这也是提升学生信息素养的重要途径和表现。从这个意义上说，信息技术虽然并未从根本上支撑起探究性学习等新的学习方式，或者说新的学习方式在很大程度上还是依赖于教师教学的主动变革，而不是依赖于信息技术对教学方式变革的引发，但信息技术作为教学辅助技术完全可以实现教学效果的提高，至少对教学效率提升有所裨益。这一点在学科教学实践中已经有大量的探索和应用，现在需要构建信息化辅助学科教学分类模型，从理科教学来看，主要包括信息技术演示运动或物质变化的模型，实现抽象的概念可视化或直观化；运用信息技术构建物理、化学、生物等学科的模拟实验模型等。从语文、历史等人文学科教学来看，信息技术辅助教学除了一般的视频与图像片段应用外，重点要围绕人文学科的情景再现及其意义显现探索信息技术的运用。

四、结 语

未来教育的想象逻辑有三种情况。据此，未来教育首先应当重视中国特色社会主义的政治教育。同时，人工智能等技术对生活形态的可能形塑，将更加关注平等的教育、个性化教育以及精神意义的教育，但也要防止平庸化教育倾向。信息技术对教育形态也有直接的塑造，有助于构建泛在式和个性化的学习环境，但由于信息技术缺乏成熟的学习科学或脑科学的支撑，其本身的发展逻辑并未从根本上改变学习的思维，主要是助推知识获取方式的变革。因此，当前教育信息化的重点仍然是泛在式智慧学习环境的建设、数字化学习资源建设以及个性化学习环境建设。人工智能等技术的发展仍然可能作为教育的工具性存在，尽管未来可能替代教师的部分教学工作。因此，未来教育的重心应当是在政治教育的基础上，依托教师深入探索研究性学习和创新创意学习。当下的教学也应当发挥和利用信息技术的新发展，促进信息技术与学科教学的融合创新，但必须把握并基于学科教学特点探索信息技术的应用，而不是相反。